F. ÉDOUARD 1989

ARSÈNE HOUSSAYE

MADEMOISELLE
MARIANI

HISTOIRE PARISIENNE

NOUVELLE ÉDITION

PARIS
MICHEL LÉVY FRÈRES, LIBRAIRES-ÉDITEURS
RUE VIVIENNE, 2 BIS

MDCCCLIX

650

y2 d3037

LUCIANA MARIANI

MADEMOISELLE

MARIANI

ARSÈNE HOUSSAYE

LE ROI VOLTAIRE
SA JEUNESSE — SES FEMMES — SES MINISTRES — SA COUR — SON ROYAUME
SON PEUPLE — SON DIEU — SA DYNASTIE
Troisième édition. Un beau volume in-8, 6 fr.

LA GALERIE DU DIX-HUITIÈME SIÈCLE
Sixième édition. Cinq volumes, 5 fr.

HISTOIRE DU 41me FAUTEUIL
DE L'ACADÉMIE FRANÇAISE
Quatrième édition. Un volume, 3 fr. 50 c.

VOYAGES HUMORISTIQUES
Nouvelle édition. Un volume, 3 fr. 50 c.

LES OEUVRES POÉTIQUES
Nouvelle édition. Un vol., 3 fr. 50 c.

PHILOSOPHES ET COMÉDIENNES
Quatrième édition. Un vol., 3 fr. 50 c.

LE VIOLON DE FRANJOLÉ
Sixième édition. Un vol., 3 fr. 50 c.

LES FEMMES COMME ELLES SONT
Troisième édition. Un vol., 1 fr.

L'AMOUR COMME IL EST
Nouvelle édition. Un vol., 1 fr.

ROMANS PARISIENS
LA VERTU DE ROSINE — LE REPENTIR DE MARION
MADEMOISELLE DE BEAUPRÉAU — LE VALET DE COEUR ET LA DAME DE CARREAU
Nouvelle édition. Un vol., 3 fr. 50

PARIS. — IMP. SIMON RAÇON ET COMP., RUE D'ERFURTH, 1.

ARSÈNE HOUSSAYE

MADEMOISELLE MARIANI

HISTOIRE PARISIENNE

NOUVELLE ÉDITION

PARIS
MICHEL LÉVY FRÈRES, LIBRAIRES-ÉDITEURS
RUE VIVIENNE, 2 BIS

MDCCCLIX

Droits de traduction et de reproduction réservés.

PROLOGUE

On parlait hier dans un salon des plus belles vengeances féminines, depuis le commencement du monde.

Les hommes trouvaient que les femmes se vengeaient trop.

— Se venger ! dit un monsieur, c'est être le second à mal faire.

— Se venger ! dit une dame, c'est de la grande école des dieux. Qu'est-ce autre chose que l'enfer, si ce n'est une vengeance ?

— C'est une justice, dit une jeune fille qui n'avait pas oublié son catéchisme.

— Si je ne craignais d'avoir l'air de faire un feuilleton, dit un jeune secrétaire d'ambassade, je vous raconterais la plus belle vengeance de femme que je connaisse.

— Eh bien, parlez, dit la maîtresse de la maison.

— Non, mon histoire est trop romanesque. Il n'y a que la vérité qui ose être aussi invraisemblable.

— Point de préface ; contez vite.

— Je veux bien, mais à une condition : c'est qu'on ne s'endormira pas et qu'on ne demandera pas ses chevaux.

— Rassurez-vous ; on ne fait cela que pour de beaux romans comme *Paul et Virginie*.

Le jeune secrétaire d'ambassade s'inclina vers cette raillerie, et conta résolûment cette histoire.

MADEMOISELLE MARIANI

I

LE COMTE HORACE DE ***

C'est un drame tout parisien. Les premières scènes se passent à Bade; mais c'est toujours le même diocèse depuis que Bade a supprimé le Rhin.

L'an passé, — le 1ᵉʳ septembre 1858, — il me semble que c'est hier, — par une de ces belles journées qui sont d'autant plus belles à Bade qu'elles ne reviennent pas tous les matins, on s'occupait beaucoup, devant le palais de la *Conversation*, d'une promenade au château de la princesse Sibylle.

— Viens-tu à la *Favorite*?

— Non, j'ai reçu tout à l'heure mille francs par la poste.

— Cela ne t'empêchera pas de venir avec nous.

— J'aime mieux jouer. Tu sais bien que je n'aime que les châteaux de cartes.

— Je te dis que cela ne t'empêchera pas de venir à la *Favorite*. Comme nous ne partons que dans une demi-heure, tu partiras avec nous, car il ne te restera pas un florin.

— Dans une demi-heure j'aurai gagné de quoi acheter la *Favorite*, avec la princesse Sibylle par-dessus le marché.

Ainsi parlaient devant moi, en allumant leurs cigares, Horace de***, un ami à l'épreuve de l'eau et du feu, et un prince russe dont je n'ai jamais bien su le nom, un ami à perte de vue. Je veux dire *un ami de Bade;* car, à Paris ou ailleurs, c'est à peine si nous nous saluons de loin en loin.

Horace jouait au trente-et-quarante; mais il jouait aussi en beau joueur le jeu de la vie. Dès qu'on le voyait, on était pris à sa fierté, à son esprit, à ses séductions. Il était éloquent sans le savoir. Il professait la haine des vulgarités à la mode. Il avait voulu vivre libre, selon la fantaisie de chaque jour, mais une fatale passion l'avait peu à peu emprisonné dans l'atmosphère des enfants prodigues et des courtisanes.

A peine arrivé à Bade depuis quelques jours, il avait déjà perdu tout l'argent qu'il avait apporté. Combien? Il ne le savait pas, car il ne comptait jamais. Vous êtes curieux de savoir si mon ami Horace m'a rendu l'argen. que je lui ai prêté : je n'en sais rien. A sa dernière saison de Bade, il commençait à manger l'argent de son prochain. Beaucoup de jeunes gens mangent l'argent qu'ils n'ont pas, mais en gardant pour les mauvais jours l'argent qu'ils ont. On les croit depuis longtemps ruinés; mais, de même qu'il y a de faux riches, il y a de faux pauvres. Que j'en ai vu qui, en public, devant leurs amis et leurs maîtresses, psalmodiaient les noms de leurs créanciers comme une litanie, et qui, rentrés chez eux, comptaient leurs sous et leurs deniers en se moquant de ceux qui ne comptaient pas ! Ainsi n'avait pas fait Horace. Deux tantes qui s'étaient entendues pour mourir en même temps lui avaient laissé cent mille écus, un jour que son père se lassait de payer ses menus plaisirs.

En ce temps-là, comme on parlait beaucoup de gens ruinés à la Bourse, Horace ne fut pas si fou d'aventurer son argent dans ce qu'il appelait les papiers d'un autre système. Il déposa, en bon père de famille, ces trois cent mille francs au Trésor, résolu de les manger en trois ans, sans souci des intérêts. Voilà un beau fou ! dira-t-on. Je ne le défends pas, mais je constate avec lui qu'il ne les a pas perdus à la Bourse et qu'il a eu l'art de vivre riche pendant trois ans. Il appelait cela dépenser sa jeunesse.

Le jour où commence cette histoire, il n'avait plus de compte ouvert au Trésor, mais il n'en était pas moins jeune pour cela. Sa jeunesse, qu'il avait limitée à trois cent mille francs, ne voulait pas encore se mettre au tombeau, et lui rouvrait le jardin des Hespérides par la porte du trente-et-quarante. Il venait de recevoir mille francs d'un ami; il pouvait redevenir riche avant le coucher du soleil.

Il fallait bien qu'il redevînt riche : il avait reçu par le même courrier une lettre dans ce beau style :

« 30 août 1858.

« Cher chien,

« Je pars et j'arrive. Retiens-moi à l'hôtel de Russie
« quatre chambres pour mes robes et une pour mes
« chapeaux. Quant à moi, je ne suis pas en peine, car
« si ta chambre est occupée, j'en sais plus d'une qui
« s'*ouvriront* pour moi.

« OLYMPE. »

C'était par amour du pluriel que mademoiselle Olympe avait fait cette faute d'orthographe.

II

OU LA FORTUNE SE PRÉSENTE EN DAME DE CŒUR

— Tu comprends, me dit Horace en me montrant cette lettre, pourquoi je ne vais pas avec vous à la *Favorite*.

Il avait allumé son cigare, il le jeta par-dessus sa tête.

— C'est le meilleur cigare que j'aie jamais fumé, reprit-il en respirant la fumée avec amour, comme s'il eût respiré les senteurs d'une forêt vierge d'une chevelure de vingt ans.

— Pourquoi le jettes-tu?

— C'est un sacrifice aux dieux infernaux. Tu sais que je suis superstitieux. Ce ne sont pas les esprits faibles qui croient à tout, ce sont les esprits forts.

En disant ces mots, il me serra la main et marcha d'un pas assuré vers le trente-et-quarante.

Mais il se retourna tout à coup et revint sur ses pas.

— Je vais jouer sur la noire, nous dit-il d'un air décidé.

Et il nous fit remarquer une jeune fille qui avait des cheveux noirs et des yeux noirs, mais du plus beau noir qui ait jamais brillé sur les ailes du corbeau.

— N'est-ce pas qu'elle est belle? dit Horace avec un soudain enthousiasme. Est-ce que celle-là est descendue aux enfers, comme Psyché, pour demander un jour de beauté à Proserpine?

— Non, répondit le prince, c'est un oiseau de Paradis : on l'appelle Luciana Mariani. C'est la plus belle fille qui soit à Bade; mais il y a deux sentinelles pour la veiller : sa mère qui veut la marier, et Dieu qui l'appelle au couvent.

— Tu la connais donc?

— Oui, l'an passé, elle a joué, chez ma sœur, la comédie avec Méry et Vivier.

— Est-ce Méry ou Vivier qui lui a donné le goût de la retraite?

— Non, elle aime l'église comme une autre aime le bal. Elle va tous les jours à la messe.

— C'est sa mère qui passe avec elle? Elle est belle encore.

— Oh! celle-là, je ne vous dirai pas qui elle est; c'est le chaos. Alexandre Dumas ne raconterait pas sa vie en cent volumes. Je crois qu'elle va un peu moins à la messe que sa fille.

— Mais, en vérité, la mère est presque aussi belle que la fille.

A ce moment, le prince nous quitta pour aller saluer les deux dames.

— Et moi qui oubliais d'aller jouer, me dit Horace devenu rêveur.

Il me laissa seul devant le marchand de tabac. Le prince vint me reprendre :

— J'ai presque décidé ces dames à venir aujourd'hui à la *Favorite*. Il nous reste une heure, j'ai tout juste le temps de poser pour ma charge. Mon caricaturiste est un garçon fort spirituel. Voulez-vous venir me voir poser?

— Non, j'aime mieux voir la figure que fait Horace devant son dernier billet de mille francs.

— Vous savez qu'il n'aime pas à voir ses amis *quand il travaille.*

— Je sais cela. Je ne me montrerai que s'il perd. S'il gagne, je me cacherai derrière cette sylphide qui effeuille des vergiss-mein-nicht et qui mange de la choucroute.

Le caricaturiste, qui était sur les marches de la *Con-*

versation, montra au prince qu'il était armé de son crayon.

Un camarade me frappa sur l'épaule.

— Eh bien, ton ami Horace est en train de faire sauter la banque.

En moins de dix secondes, j'étais devant la table verte. Horace, qui avait débuté par cinq cents francs et qui, au second coup, avait bravement fait masse en avant de son autre billet de cinq cents francs, jouait le maximum. La noire venait de passer trois fois.

Il était là, héroïque comme devant l'ennemi, sourcillant à peine à chaque carte que retournait sa destinée. Il ne voyait personne ni à ses côtés ni devant lui, pas même Méry, qui, avec la même intrépidité, mettait sur la rouge toute la fortune des *Vierges de Lesbos*.

La noire passa une quatrième fois.

Le croupier fit voler sur l'aile de son râteau six billets de mille francs vers Horace. Le joueur les prit dans sa main et les étreignit avec fureur comme un combattant qui saisit son ennemi; après quoi il les rejeta sur le jeu.

— Vous ne pouvez jouer que six mille francs, lui dit le croupier.

— Je le sais bien, murmura-t-il.

Et il laissa les douze mille francs.

La noire passa encore quatre fois. A chaque coup, Horace prenait les billets qu'on lui donnait, et les jetait tout chiffonnés avec les autres, ne voulant pas compter et ne voulant pas scinder sa fortune.

Au huitième coup, Méry quitta la bataille, non pas faute d'héroïsme, mais faute de soldats.

Je jugeai qu'il était temps d'arracher Horace à sa victoire.

— Mon cher Horace, lui dis-je en m'approchant de lui, partons pour la *Favorite*.

— Quand la banque aura sauté, me dit-il. Regarde plutôt : il ne lui reste plus que quelques rouleaux et quelques billets. Si la noire passe une fois de plus, la banque saute.

— Oui, mais c'est la rouge qui va passer, car Méry vient de l'abandonner.

Horace pâlit, lui qui, jusque-là, avait montré un masque plutôt qu'une figure.

— Eh bien, me dit-il en me passant mille francs, prête cela à Méry, parce que, s'il ne joue pas contre moi, je suis perdu.

Mais déjà Méry était venu reprendre sa place en face de nous en jetant cinq louis à la rouge.

La destinée,— en habit noir et en cravate blanche,— retourna d'abord six cartes, et dit de sa voix métallique :

— Trente-neuf!

— C'est fini, murmura Horace en faisant une pirouette. Il est écrit là-haut que la banque ne sautera pas.

Pendant qu'il parlait, le croupier avait déjà retourné trois cartes — trois figures.

— Vous allez voir, dit Méry, une quatrième figure qui va se montrer tout exprès contre moi.

En effet, la première carte retournée fut la dame de cœur.

— Quarante! dit la même voix métallique.

Un cri de joie courut tout autour de la table; Méry lui-même, qui aime toutes les victoires, même celles qui ruinent sa journée, s'écria avec enthousiasme :

— Neuf noires! c'est beau. La destinée me doit neuf rouges de plus.

La destinée devait à Méry, ce jour-là, trois mille sept cent quarante-trois rouges, — de quoi acheter toutes les banques des bords du Rhin — et même celle de Monaco.

Les croupiers ne trouvèrent pas de quoi payer l'enjeu. Ils eurent beau ramasser les petits billets et les monnaies étrangères, il leur fallut faire un emprunt à leurs compagnons de la roulette.

Et, quand ils eurent payé, le commissaire vint en grand cérémonial assister à l'enterrement de la défunte banque. On jeta aux gémonies les cartes fatales; on donna de nouveaux jeux, et on réintégra sous les marbres et dans les casiers quatre-vingt mille francs en billets, en or et en argent.

Mais nous étions déjà partis. Horace avait gagné quarante et un mille francs; il jugeait que c'était assez pour ce jour-là; il venait avec nous à la *Favorite*.

Quand nous sortîmes, la charge du prince était finie. Il était enchanté des armoiries flamboyantes dont le dessinateur avait surmonté son chapeau : — beaucoup de gueules écartelant peu d'or, — avec un valet de cœur et une dame de carreau pour supports.

Le voyage fut très-gai. Horace, qui croyait avoir conquis le monde, regrettait de n'avoir pu trouver une carrossée à quatre chevaux. Nous étions traînés par deux rosses dans une de ces pauvres calèches qui sont à la portée de tout le monde, de ceux qui ont perdu comme de ceux qui ont gagné.

Le plus gai des trois, ce n'était pas Horace; il avait la poche pleine de soucis. Qu'allait-il faire de son argent?

Il se rappelait déjà qu'il avait des dettes! Gagner au jeu pour acheter un cheval, pour souper avec une princesse, pour aller prendre un bain de mer au Lido, pour acheter une odalisque d'Ingres, c'est logique; mais gagner au jeu pour payer des dettes, cela ne s'est jamais vu.

Nous étions précédés et suivis de sept ou huit calèches, les unes silencieuses, les autres bruyantes.

— J'étais bien sûr, dit le prince, que ces dames Mariani seraient du voyage. Je les reconnais là-bas, qui fuient devant nous comme si elles avaient de vrais chevaux.

Je promis quatre pourboires au cocher s'il atteignait la première calèche. Il nous répondit avec son admirable sang-froid qu'il n'avait pas encore pu faire comprendre à ses chevaux que quatre florins de plus pour lui devaient leur donner des jambes.

Ce ne fut qu'en arrivant à la *Favorite* que notre calèche se rapprocha de celle des dames Mariani. Le prince se précipita au marchepied pour leur offrir la main. Il nous présenta, Horace comme un gentilhomme qui cherchait des aventures, et moi comme un ambassadeur qui prenait chez les femmes des leçons de diplomatie, — plaisanterie surannée que le prince trouvait toujours nouvelle.

III

MADEMOISELLE LUCIANA MARIANI

Luciana allait avoir vingt et un ans; elle arrivait à cette heure indécise et charmante où la pêche rougit déjà sur l'espalier, mais garde encore son vert parfum. Les femmes ont toutes un parfum : Luciana sentait la pêche.

Nulle lèvre curieuse n'avait fauché sur ses joues ce duvet virginal qui fleurit sur les pêches et sur les femmes.

Qu'elle était belle avec ses airs étranges et ses yeux voilés, sa bouche entr'ouverte, ses poses de statue et ses nonchalances de sultane ! C'était la Vénus du Corrége, un peu brunie et dorée au soleil du Titien. Elle était née d'ailleurs sur le quai des Esclavons, fille d'un père vénitien tué pendant la dernière république de Venise, et d'une mère française qui avait beaucoup voyagé. — Vous savez, une de ces mères aventureuses qui n'ont ni maison ni patrie, parce qu'elles n'ont habité que la passion ; créatures fantasques, toujours ardentes au jeu de l'amour et du hasard, toujours curieuses des sublimes duperies du cœur et se retenant par la main de leur fille au rivage de la jeunesse ; — femmes romanesques qui ont multiplié leur cœur pour la faim de l'amour prévu ou imprévu, qui se sont vengées des hommes sur les hommes, qui ont donné leurs premières larmes et qui ont vendu les autres au prix des perles fines. — Ces femmes-là sont plus ou moins que des femmes ; car, si elles n'ont pas les pieuses vertus de la famille, elles ont les aspirations de la muse. Elles n'ont pas sanctifié le seuil déserté de la mère, mais elles ont poétisé les égarements de l'amante.

Luciana ne semblait pas née pour continuer ce voyage aventureux à travers les passions. C'était une âme recueillie qui faisait sentinelle devant sa beauté, comme si elle eût craint qu'on ne profanât l'œuvre de Dieu. Elle avait passé ses jeunes années au Sacré-Cœur avec un mystérieux amour pour Jésus, effeuillant sur les marches de l'autel les fleurs qui poussent aux doigts des vierges. Luciana était retenue au rivage par l'amour de Dieu. Les femmes commencent ou finissent par Dieu.

Nous parcourûmes ensemble ce château étrange, dont on ne sait pas la légende.

La *Favorite* est un château bâti au milieu des bois, dans le style Louis XV, par une main allemande. C'est lourdement léger comme un margrave dansant la *Monaco*. Les murs sont revêtus de cailloux de toutes les couleurs, comme si la princesse avait voulu mettre du rouge et des mouches sur la façade de son château comme sur sa figure.

Dans ce château dans les bois tout y est étrange, depuis la cuisine, toute garnie encore de sa vaisselle ancienne, jusqu'au salon en tapisserie tissée par Sibylle; depuis l'ermitage où la princesse faisait pénitence, ayant à sa table saint Joseph, la Madeleine et Jésus-Christ, trois convives de cire qui sont restés là, jusqu'au boudoir indiscret où son amant, reproduit par cent miroirs, se multipliait à l'infini quand il se jetait à ses genoux ; depuis le salon des fêtes, des carnavals et des spectacles, jusqu'au salon des portraits, où cent fois la princesse est représentée dans toutes les métamorphoses de la vie et de l'amour.

Je connaissais la *Favorite* depuis longtemps. J'étudiais bien plus mademoiselle Mariani que les portraits de la margrave. J'étais frappé des effets inattendus de cette beauté sévère, toute renfermée en elle-même, qui écoutait nos divagations historiques, qui parlait peu, qui souriait à peine quand Horace disait un mot spirituel ou une bêtise, car c'était là le caractère d'Horace, de ne jamais reculer, même devant une bêtise.

En entrant, il avait fait son compliment respectueux à un magot de la Chine, fort ventru, destiné à renfermer des épices depuis les pieds jusqu'à la tête.

Nous nous arrêtâmes aussi longtemps dans la cuisine que dans le boudoir. On sait que cette cuisine est tout un musée ; les singularités de la Chine et du Japon, les fantaisies des artistes de Saxe et de Sèvres, les plus fines verreries de Murano, le plus pur cristal de Bohême, tout est là, dans un ordre admirable, comme si une ménagère hollandaise y mettait la main tous les jours. La faïence vous donne envie de vous mettre à table, tant elle représente avec art toutes les merveilles d'un dîner de contes de fées, depuis la hure de sanglier jusqu'au faisan doré, depuis la botte d'asperges jusqu'aux pommes de Normandie, depuis les cerises de Lucullus jusqu'au raisin de Malaga. On dirait que le feu va s'allumer dans les vastes fourneaux, que le cuisinier va paraître comme au théâtre Debureau, et que la myriade de marmitons assassine déjà tous les hôtes de la basse-cour.

— Ne trouvez-vous pas, dit mademoiselle Mariani, qu'on respire ici je ne sais quelle bonne odeur de cuisine de prince ?

— Cela n'est pas étonnant, murmurai-je de l'air du monde le plus convaincu. La princesse Sibylle est venue souper cette nuit dans son château. Vous ne savez donc pas la légende ?

Comme je disais ces mots, un orage que nous n'avions pas prévu vint fondre sur le château ; la nuit se fit presque autour de nous, ce qui contribua à jeter un peu de fantastique. Mademoiselle Mariani, qui croyait aux revenants, me força de lui dire ce que je savais.

— Oh ! dites-nous cette histoire ! s'écria Luciana en s'animant.

— Vous n'y croirez pas.

— Elle croit aux revenants, dit madame Mariani : elle a toujours eu peur de la nuit. Vous ne la feriez pas rester ici toute seule jusqu'à demain matin, même pour devenir à son tour la princesse Sibylle.

— Je le crois bien ; je n'y resterais pas moi-même pour aucun prix.

— Contez donc votre légende.

— Ce sera bientôt fait.

Et je contai l'histoire des soupers de la margrave Sibylle.

IV

LA LÉGENDE DE LA FAVORITE

« La princesse Sibylle a eu beaucoup d'amoureux, mais elle n'en a aimé qu'un : c'était un jeune capitaine, un officier de fortune, fort brave et fort beau, qu'elle cacha au château pendant toute une année.

« Vint le carême. Sibylle, selon sa coutume, se réfugia au petit ermitage qui est là-bas, pour faire pénitence. Ce fut le capitaine qui lui attacha lui-même le cilice. Ils se quittèrent à minuit, une minute avant le mercredi des cendres ; ils avaient une dernière fois soupé ensemble dans toutes les charmantes folies d'une passion qui ne songe pas au lendemain. — « Adieu, dit la princesse, je vous attends le jour de Pâques à minuit; je vais mourir jusque-là; mais, le jour de Pâques, Dieu me rendra mon cœur pour vous aimer. — Adieu, dit le capitaine, je vais à la guerre ; je me battrai comme un lion en pensant à vous ; si je ne reviens pas le jour de Pâques à minuit, c'est que Dieu m'aura rappelé là-haut. »

« Cependant, le jour de Pâques, la princesse mit ses plus beaux habits, sa robe à fleurs d'or et d'argent ouverte sur le sein, ouverte sur les bras, avec une guirlande de roses pour ceinture. Quoique son amant ne dût venir qu'à minuit, elle monta vingt fois à la plus haute fenêtre du château pour le voir au loin dans les nuages de l'horizon. Vint la nuit, elle pleura. « Pourquoi donc pleure la princesse Sibylle ? » se demandait-on autour d'elle.

« Quand tout le monde fut couché, car elle n'avait dit son secret ni à ses écuyers ni à ses femmes, on servit le plus beau souper qui jamais ait resplendi sur la table d'un roi. « J'ai jeûné quarante jours durant, avait-elle dit à sa cour, je veux tout un souper pour moi seule. » A chaque instant elle écoutait aux fenêtres comme si elle eût dû entendre le galop lointain d'un cheval ; et à chaque instant elle regardait à la pendule pour voir si l'heure tant attendue et tant redoutée allait sonner. A minuit moins une minute, elle se mit à table. »

— Vous me faites peur, me dit mademoiselle Mariani en m'interrompant.

Horace voulut rire.

— Chut! dit la jeune fille; écoutez, ou allez-vous-en.

Le prince semblait n'écouter qu'à demi. Depuis quelques jours il avait commencé une campagne contre madame Mariani ; il continuait sa bataille par l'éloquence des yeux. Madame Mariani jouait de l'éventail.

— Je ne sais pas pourquoi je vous conte cette légende, repris-je, car, en retournant à Bade, vous l'auriez pour deux sous.

— Voilà trois ans que je la cherche, dit le prince. Le grand-duc ne veut pas donner le privilége de l'imprimer.

Je continuai la légende de la Favorite.

V

LES SOUPERS NOCTURNES

« Minuit sonna à toutes les horloges et à toutes les pendules du château ; minuit, ce *De profondis* des douze heures qui sont mortes. La princesse, qui remplissait d'une main tremblante la coupe de son amant, laissa tomber la bouteille et jeta un cri. — « Minuit ! » murmura-t-elle ; et elle écouta.

« Elle n'entendit que les sifflements de l'équinoxe dans les cheminées et dans les corridors. « — Suis-je folle ? dit-elle en voulant ressaisir sa raison ; s'il n'eût pas dû venir, il m'aurait envoyé un courrier.

« Elle prit un faisan et voulut le découper elle-même. Elle mit une aile dans l'assiette de son amant; elle mit l'autre aile dans son assiette.

« Tout à coup la porte s'ouvrit avec fracas. C'était le capitaine. Elle courut à sa rencontre et voulut se jeter dans ses bras, mais ce n'était plus qu'un fantôme.

« Elle s'éloigna avec terreur ; elle le vit dans sa pâleur de mort, avec son justaucorps couvert de sang. Elle alla tomber, à demi évanouie, sur son fauteuil. Le fantôme vint à pas mesurés s'asseoir en face d'elle. « Wilfrid ! » murmura-t-elle d'une voix mourante.

« Le fantôme remua ses lèvres, mais ne put dire un seul mot.

« Presque au même instant, il s'inclina et disparut.

« La princesse, dans son épouvante, réveilla toute sa cour et conta qu'au moment où elle se mettait à table un fantôme inconnu était venu s'asseoir en face d'elle.

« Le lendemain, à minuit, comme elle était couchée, elle ouvrit les yeux en entendant sonner l'heure fatale : — elle vit apparaître le capitaine. Cette fois, il lui dit qu'il venait souper avec elle.

« Le surlendemain, de plus en plus épouvantée de cette apparition, elle voulut qu'à minuit toute sa cour lui tînt compagnie pour ne pas voir venir le capitaine.

« Mais à minuit la porte s'ouvrit, et il vint la saluer.
« — Voyez-vous ? dit-elle en pâlissant. »

« Mais elle seule avait vu le fantôme.

« Quelques mois se passèrent ainsi. Elle avait beau prier Dieu, elle avait beau lire les traités de philosophie pour ne pas croire aux revenants, quand minuit sonnait, soit qu'elle fût dans son lit, soit qu'elle fût au bal, le capitaine venait à elle, toujours pâle, toujours ensanglanté.

« Elle prit un autre amant, mais elle se garda bien de souper tard avec lui. Une nuit, cependant, elle oublia l'heure. Minuit sonna ; le capitaine vint s'asseoir à côté d'elle. « — Que t'ai-je fait ? lui dit-elle, osant lui parler pour la première fois. — Tu m'as dit de venir souper avec toi, et je viens souper avec toi. »

« C'est le dernier mot de la légende.

« Maintenant, pourquoi ce château est-il abandonné ? Pourquoi cette cuisine est-elle si bien préparée pour les festins nocturnes ? Je n'en sais rien. La princesse Sibylle est-elle condamnée pour ses péchés à venir attendre toutes les nuits le capitaine Wilfrid ? Depuis qu'ils sont réunis dans la mort, viennent-ils, à l'heure où le monde est aux esprits, vivre de leur amour passé dans le salon des tapisseries ? Ce qui est hors de doute, c'est que ni vous ni moi n'oserions les attendre à table à l'heure où minuit sonne et où la porte s'ouvre. Les paysans de la contrée affirment avoir souvent entendu le bruit des casseroles, le cliquetis des fourchettes, le tintement des verres, dans les nuits silencieuses. Il n'est pas un ravin de la forêt Noire qui ne leur paraisse plus sûr. Ils ont coutume de dire : « Voilà encore la princesse Sibylle qui fait son sabbat. »

« Un vieux soldat qui n'avait jamais eu peur a voulu passer la nuit au château, en face même de la princesse, c'est-à-dire dans la salle aux portraits. Il s'endormit son sabre à la main, mais il se réveilla dans les épouvantements ; car il entendit un grand bruit dans la cuisine et vit passer gravement devant lui, sous un rayon de la lune, la princesse Sibylle et le capitaine Wilfrid qui allaient souper. »

VI

PREMIER COUP DE SOLEIL.

— C'est fini ? me dit Horace.

— J'ai dit tout ce que je savais. — J'oubliais : — en mourant, la princesse Sibylle a voulu qu'on ne touchât pas à sa batterie de cuisine, disant qu'elle viendrait toujours à minuit souper au château.

— Voyez-vous, me dit madame Mariani, comme votre légende a frappé Luciana : je suis bien sûre qu'elle ne soupera pas ce soir.

— Mademoiselle, dit Horace, si vous voulez m'attendre là-haut, je viendrai à minuit vous demander à souper, et je vous promets d'être un gai convive.

— Ne riez pas, dit mademoiselle Mariani en le regardant ; je ne sais pourquoi je m'imagine qu'il vous arrivera un jour une histoire qui vous fera croire aux fantômes.

— Moi ? je n'ai peur que des voleurs de grands chemins.

Horace porta la main à ses billets de banque et poursuivit :

— Il y a une chose dont j'ai plus peur encore que des voleurs de grands chemins : c'est l'amour.

Mademoiselle Mariani laissa tomber sur Horace un regard profond.

— Voilà une étrange créature, me dit-il avec émotion. Ce n'est pas étonnant que, sur mon coup décisif, on ait retourné la dame de cœur.

Nous revînmes tous souper à la *Conversation*, dans le salon réservé.

Méry, Albéric Second, Vivier et quelques Parisiens de tous les pays nous attendaient avec les mains pleines d'or et l'esprit plein de gaieté, tant il est vrai qu'un moraliste — de Bade — a eu raison de dire : *Le soleil est un louis d'or.*

Vivier comptait mille et une folies à mademoiselle Mariani pour mieux voir ses dents, car elle riait d'un rire adorable de trente-deux dents.

— Quel dommage ! dit-il tout à coup. Vous êtes si belle, que vous n'aimerez que votre beauté. On frappera trois coups, et vous n'ouvrirez pas.

Luciana devint pâle, comme si le pressentiment d'une grande passion eût saisi son cœur.

— Je n'ouvrirai pas deux fois, dit-elle; mais, quand j'aurai refermé la porte, ce sera terrible.

Mademoiselle Mariani riait, mais elle avait une expression singulière.

— Celles-là qui ont aimé, dis-je, aiment l'amour.

— Non, me répondit-elle, je ne serai pas de celles qui se consolent d'une passion par une autre passion, et qui ainsi, de chute en chute, se consolent toujours et ne sont jamais consolées.

Le souper fut très-gai. Jamais je n'ai mangé de si belles écrevisses. Nous avions les lèvres brûlées et nous buvions le vin de Champagne à pleine coupe pour éteindre l'incendie. Madame Mariani était dans le feu. Luciana, qui ne buvait que de l'eau, était ivre elle-même.

Minuit sonna. — Voici l'heure où la margrave Sibylle se met à table pour attendre son capitaine, dit Horace en levant son verre. Messieurs, buvons à leur santé.

— Ne riez jamais de ceux qui ne rient plus, dit gravement mademoiselle Mariani.

VII

MADEMOISELLE OLYMPE

Le lendemain, Horace, repris à la passion du jeu, ne se préoccupa pas beaucoup de mademoiselle Mariani. Il la rencontra plusieurs fois devant la *Conversation*, mais il se contenta de la saluer, sans même lui sacrifier son cigare.

En voyage, on prend feu pour une heure; l'heure qui suit ouvre de nouvelles perspectives et glace le plus souvent l'heure passée.

Horace trouvait fort belle cette belle fille, un peu dépaysée parmi toutes ces femmes qui vont à Bade pour y chercher fortune ; il jugeait à vol d'oiseau qu'il y avait là des vertus sérieuses, — un vrai caractère, — une vraie femme. — Mais il n'était pas venu à Bade pour trouver cela ; ce qu'il lui fallait dans les entr'actes du jeu, c'était une de ces demoiselles qui viennent jeter plus ou moins gaiement leur éclat de rire dans les folies de cette vie au vent.

Et puis la vraie raison, — si c'en est une, — c'est qu'il était amoureux de mademoiselle Olympe.

Quelle était cette demoiselle ? Une belle créature qui se masquait sous la poudre de riz, qui s'habillait comme les gravures de modes, qui jouait la passion, mais qui n'aimait que ses robes et ses chapeaux. On vantait son style aux soupers de la maison d'Or et son langage au Château des Fleurs. Chaque siècle a ses hôtels Rambouillet et ses Sévigné.

Pourquoi Horace aimait-il cette demoiselle ? Il l'aimait comme des Grieux aimait Manon Lescaut. Il y a des femmes qu'on aime pour leur vertu ; il y en a qu'on aime pour leur perversité. Ce sont les vraies maladies du cœur. Il y a des vers sur ce vieux thème :

> Son cœur est le tonneau des Danaïdes : — verse,
> Verse-lui ton amour, mon cœur, verse toujours,
> Vendange ta jeunesse, égrène tes beaux jours,
> Car elle a toujours soif, la charmante perverse.

Madame Mariani et sa fille étaient descendues à l'hôtel Victoria, où elles dînaient le plus souvent ; mais ce jour-là elles vinrent dîner chez M. Weber, où dînait toujours Horace. Luciana voulait-elle continuer le roman commencé la veille? Madame Mariani savait-elle déjà qu'Horace était un garçon qui avait un nom et peut-être encore une fortune, c'est-à-dire ce qu'elle cherchait pour sa fille?

Leur entrée vers sept heures fut un évènement, car c'est l'heure du dîner des gens à la mode — de Bade. Les plus gourmands en perdirent leur bouchée. La mère et la fille traversèrent rapidement la première salle, sans s'inquiéter du bruit qui se faisait autour d'elles, sans avoir l'air de reconnaître personne parmi les dîneurs; mais mademoiselle Mariani n'en avait pas moins vu Horace attablé avec deux courtisanes.

— Pourquoi sommes-nous venues dîner ici? dit-elle à sa mère avec un mouvement d'impatience.

Elle voulait s'en aller; sa mère la retint, mais elle ne dîna pas. — Ah! murmura-t-elle en cachant sa pâleur dans sa main, c'est la jalousie qui m'apprend l'amour!

Quelques jours après, Horace cherchait beaucoup du regard, çà et là, devant la *Conversation*, dans les salons, au spectacle, dans l'avenue de Lichteinthal.

— Où est donc mademoiselle Luciana Mariani? demanda-t-il au prince.

— Ces dames sont parties pour Paris le surlendemain de notre voyage à la *Favorite*.

— Parties! murmura Horace d'un air de regret. Elles ont dépeuplé Bade.

— Oui, mais elles perdaient leur temps ici.

— Elles perdaient leur temps?

— Oui, mademoiselle Mariani sera bientôt majeure : il faut la marier.

— C'est dommage! dit Horace.

VIII

LES SALONS DORÉS AU PROCÉDÉ RUOLZ

Madame Mariani n'avait peut-être pas perdu son temps : le prince russe, qui aimait les fruits fondants, avait mystérieusement quitté Bade pour Paris.

Qui de nous n'a connu madame Mariani? Elle a habité deux hivers la rue de Sèze. Elle y recevait une fois par semaine ce monde pittoresque qu'on rencontre un peu partout : diplomates, hommes de lettres, désœuvrés, chercheurs d'aventures. Son salon était le salon d'une voyageuse; on y voyageait, on ne s'y arrêtait pas.

On la disait tour à tour riche et pauvre. La vérité, c'est qu'elle possédait à peine six mille francs de rentes ; mais elle avait, comme tous les gouvernements, ses revenus directs et ses revenus indirects, sans compter le crédit public.

Elle affichait un luxe de hasard qui ne trompait que les simples. On dînait chez elle pour sa fille et non pour son vin, car on servait à sa table ce vin trop connu à Paris *qui ne sent ni la vigne ni la cave ;* mais en revanche Luciana sentait son cru. On disait, d'ailleurs, que, si la mère était un peu folle, la fille avait toutes les vertus ; que, si la mère secouait trop son regain, la fille avait toutes les jeunesses.

Toutefois ce luxe de hasard faisait un peu jaser. On savait à peu près la fortune, je veux dire la misère de madame Mariani. Or elle était de toutes les fêtes ; elle allait dans le meilleur monde ; on la voyait toujours à l'Opéra et aux Italiens: on parlait même de ses chevaux. La vérité, c'est que ses robes duraient longtemps, c'est qu'on lui donnait des loges, c'est qu'elle avait des chevaux à raison de six cents francs par mois durant trois mois seulement ; c'est qu'à Spa, Bade ou Dieppe, elle vivait sans faste, ne recevant alors qu'à la maison de Conversation.

Elle retenait sa fortune à deux mains ; je crois, d'ailleurs, qu'elle mangeait le fonds avant le revenu, comptant que les beaux yeux de sa fille magnétiseraient les cartes de la destinée.

Mais elle était effrayée de voir Luciana prendre racine dans la pieuse forêt des extases. Elle l'en arracha violemment et la jeta toute surprise dans les fêtes du monde parisien, où les femmes vont, demi-nues, parler d'œuvres de charité, valser la valse à deux temps et vanter les sermons du P. Lacordaire.

Quand mademoiselle Mariani entrait dans un salon, c'était un éblouissement ; elle avait beau voiler pour ainsi dire son éclat sous sa pudeur, comme le soleil sous les nuées d'avril, on reconnaissait sa beauté avec enthousiasme ; les femmes elles-mêmes ne constataient pas de taches à ce soleil radieux, jugeant qu'elles n'avaient que la ressource de la tuer sous les louanges. Seulement, il arriva souvent qu'on priait la mère et qu'on oubliait la fille ; mais la mère arrivait toute parée de sa fille, rajeunie par cette couronne de vingt printemps, sachant d'ailleurs que toutes les adorations qui s'allumaient pour Luciana la brûleraient un peu elle-même au passage ; heureuse encore, quand elle ne se contentait pas des fiertés de la mère, d'être l'antichambre des amoureux de sa fille.

L'avant-dernier hiver s'était passé à courir les fêtes du monde.

Luciana, d'abord repliée sur elle-même, se laissa prendre peu à peu à l'orgueil de la souveraineté, ca sa beauté lui avait fait une cour soudaine. Elle apprit l'amour avant d'aimer, mais elle garda pieusement son cœur. Le soir, toute brisée par la danse, elle rouvrait sur son oreiller avant de s'endormir, comme pour chasser des visions amoureuses, l'*Imitation de Jésus-Christ*, cette patrie qui est déjà le ciel. Mais le lendemain elle sortait d'elle-même et dépensait comme l'enfant prodigue cette luxuriance de jeunesse, ces œillades pécheresses, ces sourires coupables qui sont l'œuvre de Dieu, mais qui profitent à l'œuvre de Satan.

Les amoureux désœuvrés qui vont et viennent sans vouloir s'arrêter, qui se font une passion comme Zeuxis faisait un tableau, en prenant le profil à celle-ci, les yeux à celle-là, la chevelure ruisselante à Danaë et le sein de marbre à Aspasie, se rencontrèrent tous bientôt devant cette merveille qui devait sitôt disparaître.

Les uns, vieux garçons enrichis, songeaient à l'épouser quoique sans dot et quoique douée d'une mère jouant à la jeunesse. Les autres, beaux coureurs d'aventures, ne doutant de rien, songeaient à ces inespérées bonnes fortunes qui vous jettent une femme dans les bras — et bientôt sur les bras — sans souci des sacrements. Pour les uns et pour les autres, c'était un steeple-chase à enregistrer dans les annales de l'amour parisien.

Luciana riait un peu de cette course à la beauté.

En vain, à l'Opéra, au bal, au bois, on s'escrimait sous ses yeux, qui avec son esprit, qui avec sa bêtise, qui avec ses millions, qui avec ses chevaux, elle disait que la comédie était mal jouée, et tout était dit.

Le plus sérieux de tous ses adorateurs était un baron des Pyrénées qui faisait sonner très-haut ses deux millions. Il avait cinquante ans et n'avait pas eu le temps d'être jeune.

Il songeait que, s'il épousait Luciana, il vivrait peut-être, dans les vingt ans de la jeune fille, comme dans un paradis retrouvé.

Mais Luciana ne voulait pas vivre dans les cinquante ans du baron.

— Cependant, disait la mère, deux millions! songe que nous n'avons pas payé nos robes nouvelles.

— C'est là mon grand chagrin, disait Luciana; mais j'aimerais mieux une vieille robe et un jeune mari.

IX

OU MADEMOISELLE MARIANI OUBLIE BOSSUET

Luciana avait un frère, un des vainqueurs de Sébastopol, un de ces jeunes hommes dont on ne peut rien faire, si ce n'est des héros. Hector ne savait que se battre ; mais les jours de bataille c'était un homme de génie.

Il était revenu à Paris après la prise de Sébastopol, pour voir sa mère et sa sœur, mais surtout montrer sa croix à tous ceux qui doutaient de lui.

Dès qu'il fut à Paris, il mena la vie à quatre chevaux, voulant dépenser six années de sa vie dans son congé de six mois. Il n'accompagnait guère sa mère ni sa sœur dans le monde, parce qu'il voyait un autre monde beaucoup plus gai ou du moins beaucoup plus bruyant.

Un soir, aux Italiens, — deux mois après la rencontre au château de la *Favorite*, — il présenta à sa sœur un de ses amis, le comte Horace de ***.

Mademoiselle Mariani donna gracieusement la main à Horace.

— Je me suis fait présenter, dit Horace, parce que je me croyais déjà un étranger pour vous.

— Je n'oublie pas, dit Luciana en pâlissant.

On causa de Bade, de Paris, de Tamberlick, de fêtes de l'hiver, et on se dit adieu sans savoir si on se reverrait jamais.

Quand Luciana fut seule avec son frère, elle lui demanda où il avait connu son ami Horace.

Hector rougit comme une jeune fille à cette simple question.

— Je ne sais pas, ma chère Luciana. J'ai fumé avec Horace, nous avons eu la même opinion sur la Cerrito, — il a donné mon nom à son cheval, — n'est-ce pas plus qu'il n'en faut pour devenir les meilleurs amis du monde ?

— En effet, Castor et Pollux n'avaient pas de si belles raisons pour s'aimer à la vie à la mort.

— Horace est charmant.

— Je le trouve absurde, une girouette qui crie à tous les vents.

— Pas de tête, mais un cœur...

— Pourquoi faire?

— Pour aimer.

— Est-ce qu'il a jamais aimé quelque chose?

— A en mourir.

— Quoi donc?

— Une femme, — je me trompe, une drôlesse, — Mademoiselle Olympe, qui l'a tordu autour d'elle comme un cep de vigne à une statue de marbre.

— Tu as de la littérature, mon frère.

— Non, ma sœur, c'est la violence de la passion d'Horace qui m'a inspiré cette phrase violente.

— Et qu'est-il advenu de cet amour forcené?

— Une femme qui rit, un homme qui pleure.

— Mais pourquoi ces airs don Juanesques?

— Il a mis un masque sur son cœur.

— Qui donc l'empêche de venir ici?

Luciana, qui venait de s'asseoir au piano, couvrit sa question par les variations du *Carnaval de Venise*.

Horace était aux dernières heures de sa passion pour cette fille de hasard qui avait toujours eu l'art de le retenir — en le fuyant. — Peu à peu, la belle et poétique figure de Luciana était venue effacer celle de mademoiselle Olympe. Sans l'habitude du jeu, des soupers, des heures perdues, il eût reconnu plus tôt qu'il croyait aimer encore, mais qu'il n'aimait plus.

Le lendemain, Hector amena Horace chez sa mère,

— une visite glaciale malgré l'entrain d'Hector, car madame Mariani eut, contre sa coutume, de grands airs moroses et sentencieux, — et Luciana, pour cacher son émotion, parla de Bossuet.

Quelques jours après, mademoiselle Mariani demanda à son frère pourquoi Horace n'était pas revenu.

— Il ne vient plus ici parce qu'il s'y est ennuyé. Ma mère lui a fait de la morale, et toi tu lui as parlé de Bossuet, comme si tu avais lu Bossuet!

— Je le sais par cœur.

— Que tu es bizarre! Horace avait bien raison de dire que ton cœur et ton esprit étaient les deux volumes dépareillés d'un beau livre.

— Il a dit cela? Il n'est pas si fou que je croyais. Ramène-le donc un jour, je ne lui parlerai plus de Bossuet.

Horace revint le lendemain. Cette fois, il était pâle et triste comme la passion elle-même. Il eut toutes les éloquences, celles du cœur et celles de l'esprit. Il fut profond railleur, savant, paradoxal, imprévu et romanesque.

Il se mit au piano et fit chanter les touches avec une émotion pénétrante.

Luciana l'écoutait et le regardait avec une joie ineffable qu'elle voulait masquer sous des airs distraits. Pour la première fois, elle pressentait les fêtes de la vie.

Elle ne voulait pas s'avouer qu'elle aimait Horace, mais elle s'abandonnait en fermant les yeux à ce doux esquif qui fuit le rivage pour la tempête.

Ce soir-là, quand Horace fut parti, elle embrassa son frère avec fureur et prit aux mains de sa mère un roman nouveau pour continuer son rêve commencé.

X

LES PREMIÈRES LARMES DE L'AMOUR

Ce fut une terrible nuit pour cette jeune fille qui avait jusque-là raillé l'amour, et que l'amour raillait à son tour.

— Horace! Horace! Horace! murmurait-elle en se cachant dans son oreiller; c'est moi qui vous aime à en mourir!

Elle avait un pied dans le paradis et un pied dans l'enfer. Elle secouait d'une main la neige des aubépines et de l'autre les flammes envahissantes. A tout instant elle étreignait les visions nocturnes et les songes amoureux.

Vers l'aube, elle alluma sa lampe et reprit l'*Imitation de Jésus-Christ* pour y trouver un refuge. Mais elle ferma le divin livre avec effroi et reprit le roman déjà feuilleté.

— Le roman est là! dit-elle en se frappant le cœur et en jetant le volume loin d'elle.

En quelques heures, elle avait subi tous les vertiges de la passion. Horace était beau, et il ne lui avait pas dit qu'il l'aimait. Bien mieux, il était tout pâle encore d'un amour trahi : elle avait été saisie tout à la fois par la curiosité et par la jalousie. Elle qui avait vu depuis un an tout Paris à ses pieds, elle voyait enfin un homme qui osait souffrir devant elle des trahisons d'une fille de hasard. Elle voulait qu'il pliât, lui aussi, sous le charme tant reconnu de sa beauté, ou plutôt, elle ne voulait rien : elle aimait! Surprise par l'orage, elle se jetait tête perdue sous les ramures chantantes, avec toutes les ivresses du premier égarement.

Le matin, elle alla s'agenouiller à l'autel de la Vierge, à la Madeleine. Elle y croyait laisser sa fièvre, quand elle fut distraite de sa méditation par l'arrivée d'une jeune mariée qui lui représenta l'image mélancolique du bonheur.

Deux larmes lui vinrent aux yeux et roulèrent sur ses joues.

— C'est lui pourtant qui me fait verser ces larmes-là. Le saura-t-il jamais?

Elle retourna chez sa mère.

En passant rue de la Ferme-des-Mathurins, elle vit tout à coup Horace qui sortait d'une de ces maisons singulières — maisons du demi-monde — qui affichent ou plutôt qui cachent leur vie.

— C'est étonnant, dit-elle; il ne demeure pas là. Que vient-il faire ici à cette heure?

Horace se perdit dans la rue, comme s'il avait un secret à cacher.

Vers quatre heures, il rencontra Luciana au bois. Il était à cheval, — un cheval indisciplinable, qui ne lui permit pas de parler à la jeune fille. — Mais il avait ce jour-là des yeux bleus qui parlèrent beaucoup. Elle y égara les siens, comme si elle dût y trouver le septième ciel.

Le soir, elle espérait voir venir Horace, mais il ne vint pas.

A chaque instant elle regardait la pendule avec impatience. Chaque fois qu'une voiture s'arrêtait dans la rue ou qu'on sonnait à la porte de l'appartement, elle pâlissait et laissait retomber son livre, car elle continuait à lire des romans.

Son frère prit son chapeau pour sortir.

— Où vas-tu?

— Çà et là. Est-ce qu'on sait jamais où on va, excepté les jours de bataille.

— Verras-tu ton ami Horace, ce soir?

— Oui.

— Où donc? rue de la Ferme-des-Mathurins?

— Qui t'a parlé de la rue de la Ferme-des-Mathurins?

— N'est-ce pas toi? Qu'y faites-vous donc?

— Nous y trouvons des amis, des cigares et des cartes.

— C'est tout? demanda Luciana d'une voix émue.

— C'est tout, répondit Hector.

— Dis donc à ton ami Horace de venir demain dîner avec toi.

— Mais demain tu vas au bal de l'ambassade.

— Non. Je n'irai pas.

XI

LES VÉRITÉS MENSONGÈRES

Horace vint dîner avec son ami. Il fut charmant comme de coutume ; il fut spirituel tout en se moquant de son esprit ; il raconta des histoires du monde où il eut l'art de mettre en scène, avec un vif relief, toutes les femmes que connaissait Luciana.

Après le dîner, en passant dans le salon, la mère voulut décider la fille à s'habiller pour aller au bal. Luciana dit avec impatience qu'elle n'irait pas. Madame Mariani ne voulait pas manquer une si belle occasion de montrer ses épaules, qui avaient été de marbre, mais qui n'étaient plus que marbrées.

Elle se retira dans sa chambre pour s'habiller. Luciana avait compté là-dessus.

— Tu ne viens pas fumer ? dit Hector à Horace.

— Non, dit Horace.

Hector sortit pour fumer. Horace avait compté là-dessus.

Horace était appuyé à la cheminée. Luciana était debout devant le piano, regardant, sans voir, un livre de musique. Horace se pencha sur elle sans la toucher. Elle frissonna et tourna légèrement la tête. Leurs yeux se rencontrèrent. Luciana pâlit, Horace ouvrit les bras, elle tomba tout éperdue sur son cœur. Ils ne se dirent pas un mot, parce qu'ils n'avaient plus rien à se dire.

Mais quelques secondes après ce beau silence :

— Je vous aime ! dit Horace comme en se réveillant après un beau rêve. Luciana, faites-moi revivre !

— Horace ! Horace ! Horace ! ne me faites pas mourir, car c'est l'amour qui me tuera !

Pour tous les deux ce fut une surprise, une ivresse, un éblouissement.

Pour Horace, ce fut la joie d'un esprit qui rouvre un beau livre déjà lu ; ce fut pour Luciana la joie du cœur qui monte sur ses lèvres et qui dit : — J'aime — avant de savoir aimer.

Horace savait tout, Luciana ne savait rien. Elle montait l'échelle d'or, et il la descendait pour la remonter avec elle.

Or, pendant qu'ils avaient ainsi la révélation de tous les mystères et de toutes les philosophies, Hector, qui avait perdu la veille au jeu et qui voulait gagner sa mère à sa cause, était entré chez elle.

— Dis-moi, Hector, connais-tu beaucoup Horace ?

— Depuis le commencement jusqu'à la fin.

— A-t-il de l'argent ?

— Oui, comme tous ceux qui n'en ont pas. Tu sais bien qu'il n'y a que ceux-là qui en ont.

— J'aime mieux les autres.

— Qu'est-ce que cela te fait ?

— Il aime ta sœur.

— Horace ! Quelle folie ! Je lui connais trois ou quatre passions. Il n'est venu ce soir qu'à son corps défendant.

— A la bonne heure ! J'aime mieux cela. J'avais peur qu'il ne vînt se mettre à la traverse de mes desseins.

— Tu as des desseins, toi, comme la Providence ?

— Oui, je vais marier ta sœur au baron d'Humerolles, qui lui mettra un million dans sa corbeille.

— Elle n'en sera pas plus riche pour cela. Si Horace l'aimait et si elle aimait Horace, elle serait beaucoup plus millionnaire avec lui. Vois-tu, maman, l'or des hommes caducs, c'est de l'or au procédé Ruolz : l'âge détruit tout cela.

— Enfant ! tu ne sais donc pas où nous en sommes ? J'ai six mille francs de revenus, et je les dépense trois ou quatre fois. Il faudra bien un jour combler l'abîme de la dette publique ou s'y perdre.

Hector secoua tristement la tête.

— Je sais que nous tombons en ruine et que ma sœur est comme la pariétaire qui fleurit sur les vieux châteaux. Elle sera cueillie par quelqu'un de la bande noire.

Madame Mariani rentra dans le salon un instant après, avec l'inquiétude d'une bête fauve qui a laissé jouer trop loin ses petits. Elle trouva sa fille au piano et Horace lisant un journal. On s'aimait trop bien pour ne pas jouer la comédie.

— Voilà tout ce que vous dites ? demanda la mère.

— Maman, M. Horace me lit le journal du soir, C'est la conversation de toute la journée.

— Avec accompagnement de piano, si j'ai bien entendu.

— Comme vous dites, madame, répondit Horace.

— Monsieur Horace, irez-vous demain au bal de l'Hôtel de Ville?

— Non, madame. Le samedi, je vais toujours au bal de l'Opéra.

Mademoiselle Mariani frappa vivement sur le clavier. La mère ne vit pas rougir la fille.

Or, le lendemain, voici ce qui arriva :

XII

L'ÉQUIPÉE DE CENDRILLON

La mère et la fille allèrent au bal de l'Hôtel de Ville.

— Maman, je t'avertis que je veux danser jusqu'à trois heures du matin.

— Mais nous ne nous retrouverons pas...

— On se retrouve toujours. Tu iras causer avec la duchesse dans le salon des tapisseries ; moi je ne quitterai pas Hélène, qui veut, comme moi, danser à perte de vue !

Hélène, c'était une amie du Sacré-Cœur, une beauté anglaise du faubourg Saint-Germain.

Que voulez-vous dire à une fille de vingt ans qui veut danser ?

Luciana dansa.

Quand la mère se fut éloignée, après avoir recueilli toutes les exclamations jetées comme des lis ou des points d'admiration aux pieds de cette belle fille, si belle de sa jeunesse et si jeune de sa beauté, Horace sortit de dessous terre et saisit la main de Luciana.

Ils ne dansèrent pas.

Ils se blottirent dans un coin derrière les danseurs. Ce qu'ils se dirent, vous le savez, — et si vous ne le savez p , allez à l'école.

— Ah ! mon Dieu ! s'écria tout à coup Luciana, voilà Hélène qui danse là-bas ; elle va nous voir.

— Eh bien ! Luciana, croyez-moi, allons au bal de l'Opéra.

— Quelle folie !

— Tout est disposé pour ce grand voyage. J'ai mon coupé qui nous attend en bas. Vous y trouverez un domino et un masque. Vous serez jolie, même à travers le masque, et comme vous porterez royalement le domino !

— Je vous laisse parler. C'est amusant d'imaginer des romans.

— C'est bien plus amusant d'en faire. Songez donc que, dans une heure, nous serons revenus. Qui saura jamais cette aventure, excepté nous deux — et votre mère, — quand nous serons mariés?

Luciana devint plus sérieuse. Ce dernier mot d'Horace lui alla au cœur. Elle comprenait qu'il lui faudrait un jour prochain épouser le baron ou tout autre million en cheveux gris, si elle ne donnait tête perdue dans quelque belle passion couronnée de roses et de pampres. Vivre avec Horace qu'importe comment et qu'importe où! Vivre avec l'amour lui-même, n'est-ce pas se mettre à la meilleure table du banquet de la jeunesse?

— Mais si nous allions au bal de l'Opéra, dit Luciana en se familiarisant un peu avec l'idée de cette aventure qui l'avait presque révoltée, si nous allions au bal de l'Opéra, mon frère nous verrait.

— Mais il ne vous reconnaîtrait pas. Comme cela va vous amuser d'être invisible et de voir tout le monde. J'ai une loge merveilleuse.

Et, à force d'éloquence, je veux dire à force d'amour, Horace entraîna mademoiselle Mariani, curieuse et effrayée.

Il avait tout prévu. Moyennant un louis, un homme du vestiaire l'attendait dans l'escalier avec un manteau et une pelisse.

Luciana, qui se cachait la figure, se cacha tout entière dans la pelisse. Son cœur battait bien fort, mais le danger a aussi ses éblouissements.

Horace ne trouva pas son coupé, mais il ne perdit

pas de temps à le chercher ; il prit le premier fiacre venu et acheta un autre domino. Horace avait toutes les vertus d'un conquérant ; il n'était jamais pris au dépourvu et ne laissait pas aux femmes le temps de réfléchir.

S'il eût cherché son coupé pendant une minute seulement, Luciana pensait à sa folie et rentrait au bal.

Combien de fois on n'a pas fini un roman parce qu'on a laissé à la vertu le temps de reprendre son souffle !

XIII

LE BAL DE L'OPÉRA ET LE BAL DE
L'HOTEL DE VILLE

Mademoiselle Mariani, cependant, ne voulait pas entrer au bal de l'Opéra. Horace descendit du fiacre et lui tendit la main.

— Jamais! dit-elle en se jetant au fond de la voiture. Voyez donc toutes ces mascarades qui me font peur.

— N'êtes-vous pas cachée par votre domino et votre loup?

La jeune fille se laissa encore entrainer

— Tiens, te voilà, Horace! dit Hector au haut de l'escalier de l'Opéra. Diable, tu t'appareilles avec les duchesses, toi! Quelle fierté d'altesse!

Il ne reconnut pas sa sœur.

— Chut! dit Horace pour tromper Hector, c'est une femme qui a vu les sacrements. Nous souperons ensemble, mais laisse-moi courir le monde.

Horace sentait l'émotion de Luciana.

— Allons nous cacher dans votre loge, dit-elle en perdant la tête. J'ai voulu voir, mais j'ai trop peur d'être vue.

— Madame, dit un ami d'Horace, avez-vous un passeport pour venir ici? Voyons si je vous reconnais.

Horace voulut passer outre, mais un autre domino, — mademoiselle Olympe, — lui prit l'autre bras, ce qui donna le temps à son ami, un beau parleur armé d'un lorgnon, de dire gravement à mademoiselle Mariani, comme s'il lisait le signalement d'un passeport :

— *Fille majeure.* — *Un coup de soleil de juin, sous des nuages de poudre de riz.* — *Taille à prendre et à garder dans la main.* — *Cheveux noirs avec des ondes, pour rappeler que madame Vénus est de sa famille.* — *Sourcils à la plume de corbeau.* — *Yeux d'enfer.* — *Bouche armée de trente-deux dents de loup. (Voulez-vous mordre, madame?)* — *Signes particuliers : Une vertu.....*

— Chut! dit un désœuvré, ne disons pas de mal des absents.

— Allons-nous-en, murmura Luciana; je vais me trouver mal..

Horace, qui était parvenu à se débarrasser de mademoiselle Olympe en domino, n'avait pu se faire un chemin dans la cohue, tant le cercle des curieux les serrait de près. Luciana reconnaissait la plupart des jeunes gens qu'elle voyait dans le monde, tous ceux qui sont l'argent comptant de l'esprit français — au bal de l'Opéra.

Enfin elle entra dans la loge d'Horace comme pour se mettre à l'abri; mais fut-elle à l'abri de son amour!

Horace l'appuya sur son cœur et sur ses lèvres en murmurant :

— Je n'ai aimé que toi.

Il la supplia de lui pardonner ce voyage impossible.

— Ah! Horace, lui dit-elle en pleurant, je vous ai donné mon cœur et mon âme, ma vie et ma mort, car j'ai toujours pensé que l'amour me tuerait.

— Rassurez-vous, Luciana : l'amour renferme la mort; mais on s'y habitue comme Mithridate s'habituait au poison.

— Vous riez, Horace, et moi je pleure. Je suis à la fois toute joyeuse et toute désespérée.

— Soyez toute joyeuse : je vous aime, je vous le jure sur vos belles dents que ma lèvre a touchées, sur vos beaux yeux qui font patte de velours et qui dévorent...

— L'amour ne parle pas ainsi. Si vous m'aimez, ne me laissez pas un instant de plus dans cet enfer, où je suis venue sans le vouloir.

Combien sont-elles à Paris ces jeunes filles égarées que ne préserve pas le seuil de la maison, parce que pour elles la maison, c'est le théâtre, — le théâtre : l'*École des mœurs*; — c'est Bade, c'est Dieppe, c'est Florence, — toujours l'*École des mœurs*. On les voit partout, parce qu'elles n'ont jamais chaussé la divine pantoufle de Cendrillon. Le mariage les sauve; mais si elles n'abordent pas à la rive espérée, elles échouent dans les récifs.

Ce voyage du bal de l'Hôtel de Ville au bal de l'Opéra semblera un peu trop romanesque. C'est de l'histoire. Je sais plus d'une pareille pérégrination plus ou moins amoureuse. Simple conseil aux mères de famille.

A sa rentrée au bal de l'Hôtel de Ville, Luciana se masquait de son éventail, comme si tous les yeux pouvaient lire sur sa figure l'histoire des deux heures d'absence.

Elle se jeta tout égarée dans la première valse. Elle aurait voulu s'abîmer avec Horace dans le tourbillon. Celui qui l'eût alors étudiée en philosophe aurait reconnu dans son abandon, dans ses yeux inquiets, dans ses lèvres pâlies, les émotions d'une femme qui vient de risquer sa vie au jeu de l'amour.

Cependant, au dernier coup d'archet, il fallut retomber sur la terre, imposer silence à son cœur, et retourner à sa mère en ressaisissant les divins airs de chasteté évanouis dans la route.

— Pauvre Luciana, se dit-elle, te voilà condamnée à toujours mettre un masque.

Madame Mariani était furieuse. Elle avait cherché Luciana; elle n'avait trouvé qu'Hélène.

— D'où viens-tu?

— Je viens de valser une valse à deux temps.

— Comme tu es pâle! Ces valses à deux temps, c'est une invention du diable. Baron, voulez-vous nous conduire et demander nos gens?

Un homme qui portait au cou la commanderie d'Isabelle-la-Catholique prit le bras droit de madame Mariani, pendant que Luciana prenait le bras gauche de sa mère.

Deux jeunes gens, les voyant ainsi passer, échangèrent ces quelques mots :

— Il paraît que voilà le prochain mari de mademoiselle Luciana Mariani?

— Mais non, c'est un amoureux de sa mère.

— Je te dis que le baron va épouser la fille. Ce pauvre M. d'Humerolles! Il y a des gens qui sont nés pour ramasser les miettes de la table…

— J'en ferais bien autant, si j'étais sûr d'être le mari de ma femme.

— Je crois qu'on serait très-heureux avec cette

belle créature. Il ne faudrait pour cela qu'un million à mettre à ses pieds.

— Il faudrait encore une chose qui vaut bien un million — pour un homme riche, — c'est son amour.

— J'aimerais mieux un million, murmura un philosophe revenu de l'amour.

XIV

DE L'INFLUENCE DE L'ATMOSPHÈRE SUR LE CŒUR HUMAIN

Le lendemain, Horace fumait à la porte de Tortoni.

— Es-tu allé cette nuit au bal de l'Opéra?

— Oui, j'ai trouvé au bal de l'Hôtel de Ville une jeune fille qui s'ennuyait avec trente-six quartiers de beauté. Je l'ai emmenée au bal de l'Opéra, où j'avais une loge. Je l'ai adorée; après quoi je l'ai reconduite au bal de l'Hôtel de Ville, où l'on s'est disputé sa main. Ce sera une femme accomplie.

— Tu ne l'aimais donc pas?

— Je n'en sais rien; mais tu sais que le mariage

n'est pas dans mes habitudes. Il faut laisser cela aux gens qui n'ont rien à faire.

— La reverras-tu ?

— Oui, ce soir, si je ne vais pas souper avec Olympe.

Horace parlait dans ce beau style parce qu'il était sur les marches de Tortoni. Il y a un livre à faire sous ce titre : *De l'influence de l'atmosphère sur le cœur humain.*

Cependant Luciana n'avait pas dormi, elle rêvait tout éveillée. Elle attendait Horace. Elle attendait un bouquet de lilas blancs qu'il avait promis d'envoyer à sa mère, en disant que l'hiver le bonheur sentait les lilas blancs.

Elle alla au bois, croyant le rencontrer; elle ne rencontra que le baron.

Le soir elle attendit encore.

— Pourquoi M. Horace ne vient-il pas? demanda-t-elle à son frère.

— Pourquoi veux-tu qu'il vienne s'ennuyer au coin de ton feu? Ce n'est pas un galantin. Il sait bien qu'il perdrait son temps avec toi.

On sonna. C'était Horace. Luciana respira pour la première fois depuis midi.

Horace fut charmant, trop spirituel pour un amoureux, — mais que ne pardonne-t-on pas à un amoureux aimé !

Horace et Luciana se trouvèrent seuls un moment.

— Horace, je mourais de ne pas vous voir. J'allais tout dire à ma mère; car c'est pour ne pas vous trahir, dites, que vous ne venez pas?

— Luciana, je vous aime, mais ne dites rien à votre mère. Cachons notre bonheur. N'est-il pas beau de vivre à deux, avec Dieu seul pour confident?

— Horace, vous faites des phrases. Aimez-moi tout simplement, mais soyez toujours là.

Hector, qui venait de prendre son chapeau dans sa chambre, parut à la porte du salon.

— Horace, viens-tu?

— Déjà! s'écria Luciana. Où allez-vous?

Horace ne savait que répondre.

— Nous allons jouer au lansquenet.

Et une fois hors du salon :

— Hector, je ne vais pas avec toi ce soir, Olympe m'attend pour souper.

— Tu as tort. C'est aujourd'hui la fête de la Roche-Tarpéienne. On fera cette nuit le plus beau de tous les sabbats.

— Eh bien! j'irai peut-être après souper.

XV

D'UNE ACADÉMIE — GRECQUE A PARIS

Il y avait à Paris l'an passé, — je dis l'an passé, car ces académies-là ne durent jamais longtemps, — une académie des jeux et des belles, suivant l'expression de la maîtresse de la maison. C'est-à-dire qu'au second étage du n° *** de la rue de la Ferme-des-Mathurins, madame de la Roche, une femme d'un certain âge, je veux dire d'un âge incertain, avait institué un baccarat et un lansquenet, sous prétexte de donner du thé à ses amis des deux sexes.

Quelle était cette madame de la Roche? Une femme qui avait eu des malheurs, qui parlait de se retirer du monde, et qui allait à confesse quatre fois l'an. S'il fallait l'en croire, elle était veuve d'un consul avec qui elle avait fait le tour du monde. Elle ne voulait pas se remarier, disant que c'était bien assez de naufrages comme cela.

Pour occuper ses loisirs, elle tenait table ouverte, mais à la condition que, vers neuf heures du soir, la salle à manger se métamorphoserait en salle de jeu. La pauvre femme! désabusée de tout, elle n'avait plus que cette passion-là. — Jouer pour jouer, disait-elle, l'art pour l'art. — S'il fallait l'en croire, elle perdait toujours, ce qui ne l'empêchait pas, quand tout le monde était parti, de compter son gain avec son dernier compagnon d'aventures, un chevalier des Quatre-Empereurs, un saint homme blasonné en Ruolz, qui allait comme elle à confesse quatre fois l'an. C'était bien inutile, car tous deux eussent bien reçu le bon Dieu sans confession.

Quand ils se retrouvaient seuls, vers trois heures du matin, ils jetaient le masque, et, les mains pleines d'or, riaient beaucoup de leurs tours de passe-passe. Elle l'appelait le Valet de Cœur; il l'appelait la Roche-Tarpéienne.

Ils connaissaient à fond leur Paris; ils savaient que là où il y a des femmes — et des cartes — les coureurs d'aventures, les désœuvrés, les enfants prodigues viennent toujours payer la contribution de l'amour ou du jeu.

Il est inutile de dire que les femmes et les cartes étaient biseautées ; — que dans l'amour comme dans le jeu, il y avait beaucoup de fausse monnaie.

La galerie changeait d'ailleurs tous les soirs. La maîtresse de la maison avait l'art de renouveler son monde. Quand les femmes n'avaient pas d'argent, elle leur donnait sa bourse ; mais il fallait qu'elles fussent jolies et qu'elles fussent gaies.

La maison de la rue de la Ferme-des-Mathurins acquit en quelques semaines une renommée bruyante, à ce point que le préfet de police donna un matin l'ordre de la surveiller de tout près. Mais tout justement ce matin-là le préfet de police reçut la visite d'une dame voilée qui se dit être du meilleur monde, et qui lui demanda la grâce de s'enrôler dans son régiment occulte.

— Votre nom ? demanda le préfet de police.

— Madame Jacintha de la Roche, répondit la dame voilée.

— La Roche-Tarpéienne, dit le préfet de police qui savait encore mieux son Paris qu'elle. Vous avez bien fait de venir ce matin, car j'avais donné l'ordre de vous amener ici ce soir.

Et à partir de ce jour-là, un homme de la police, cravate blanche et gants paille, fut de tous les festins et de toutes les parties de la rue de la Ferme-des-Mathurins.

Or, c'était dans cette jolie académie « des jeux et

des belles » qu'Hector, au retour de Sébastopol, avait rencontré Horace.

Dans son désœuvrement, furieux des coquetteries d'Olympe, Horace, qui aimait le jeu, venait çà et là oublier qu'il était amoureux malgré lui. Du reste, s'il y rencontrait mauvaise compagnie, il y rencontrait aussi des gens bien élevés. La jeunesse peut sans trop de danger s'asseoir à toutes les tables, quand elle est la jeunesse et qu'elle est sûre de se relever bientôt de toutes ses défaillances. C'est souvent la chute qui fait la vertu, de même que c'est la bataille qui fait l'héroïsme. Quand on s'embarque sur le navire dangereux qui s'appelle la vie, il ne faut pas, comme Ulysse, se faire attacher au mât du vaisseau ; il faut savoir écouter le chant des syrènes et les braver dans leurs embrassements.

XVI

LA JALOUSIE VÉNITIENNE

Horace fut tout un jour sans aller voir Luciana, la pauvre fille qui ne vivait plus que pour le voir.

— Encore, si j'avais son portrait! dit-elle.

Et comme elle dessinait en vraie fée, elle trompa son inquiétude en essayant de retrouver sous son crayon cette figure railleuse où la passion avait marqué son empreinte, une de ces figures prédestinées pour l'amour, à ce point que toute autre expression ne peut plus s'y acclimater.

Le soir, elle laissa sa mère sortir seule.

— Tiens, vois-tu, maman, j'ai la fièvre. Je vais me coucher.

Elle se coucha et ne parvint pas à s'endormir.

Horace était trop loin et trop près. Elle appuyait ses bras sur son sein sans pouvoir apaiser ses aspirations vers lui.

Elle sonna sa femme de chambre et lui ouvrit son cœur.

— Éléonore, j'aime ce jeune homme qui vient avec mon frère. Il faut que vous me disiez demain ce qu'il fait de son temps. Tenez, voilà cinq pièces de dix francs; est-ce assez? C'est tout ce que j'ai dans ma bourse.

— C'est plus qu'il n'en faut, mademoiselle.

— Qui allez-vous mettre en campagne?

— Je vous dirai cela demain; j'y vais rêver.

Éléonore eut bientôt trouvé son homme.

Quoiqu'elle eût le nez retroussé et les ongles noirs, elle était jolie, — et Hector le lui avait dit un soir qu'il lui demandait du thé après avoir bu beaucoup de vin de Champagne chez la Roche-Tarpéienne.

Tout est bon à mettre sous la dent, quand on arrive affamé de Sébastopol; mais Lucrèce en tablier blanc avait dit qu'il était plus facile de prendre Sébastopol que la vertu d'une fille bien élevée. Hector n'avait pas voulu gâter une si belle éducation.

Mademoiselle Éléonore, qui comptait sans le vin de

Champagne, croyait qu'Hector ne demandait toujours qu'à recommencer le siége.

— Il me dira ce soir, mot à mot, l'emploi de la journée d'Horace.

Quand Hector rentra, Éléonore lui offrit du thé.

— Pourquoi faire?

— Mais monsieur m'avait demandé du thé, un soir, il y a six semaines.

Quand Éléonore porta, le matin, selon l'habitude, le chocolat de mademoiselle dans une belle coupe ciselée en platine rehaussée d'or, qu'Hector avait rapportée de Sébastopol, elle lui dit d'un air entendu :

— Mademoiselle saura que je n'ai pas perdu mon temps : je sais mot à mot comment M. Horace a passé sa journée d'hier. — A neuf heures du matin, il montait quatre à quatre chez mademoiselle Olympe pour lui faire répéter son rôle ; car, sauf votre respect, elle va débuter aux Variétés. — A midi, il déjeunait au café Anglais. — A trois heures, un coupé, habité par une dame voilée, venait le prendre place de la Bourse, car la Bourse est son lansquenet du matin. — A six heures, il revenait du bois, toujours avec la dame voilée; il la plantait enfin sur le boulevard des Capucines pour aller dîner au cercle. — A neuf heures, il prenait une stalle pour voir jouer un rôle d'ingénue à mademoiselle Duverger, et à minuit, il allait — le dirai-je à mademoiselle? — dans cette maison que vous savez.

— Quelle maison? dit Luciana, qui ne sentait plus son cœur battre.

— Mademoiselle ne se souvient pas que, l'autre matin, nous avons vu sortir M. Horace du n° *** de la rue de la Ferme-des-Mathurins?

— Qu'est-ce que cette maison?

— Dieu merci, je n'y ai jamais mis les pieds.

— Dites toujours...

— C'est une maison où l'on joue au lansquenet en belle compagnie de dames au camellia, de dames de chœurs, de dames qui ne seraient pas dignes de dénouer les cordons de mes souliers ; en un mot, des figurantes et des vaille que vaille. Oh! les hommes ont bien peu de tenue!

— C'est odieux! murmura Luciana. Je ne veux plus revoir Horace.

Et elle écrivit ce billet :

« Horace, je vous attends. Prenez garde ! si vous ne
« veniez pas, j'ai mon désespoir sous la main. »

— Éléonore, portez cette lettre à M. Horace. Attendez la réponse; s'il vous parle, ne lui répondez pas.

XVII

LA CONFESSION D'UN ENFANT DU SIÈCLE

Horace accourut.

Il fut effrayé de la physionomie et de la pâleur de Luciana.

— Luciana! murmura-t-il en lui saisissant la main.

Ils étaient dans le salon. La mère, qui avait passé la nuit au bal, dormait encore.

— Horace, dit Luciana en retirant sa main avec indignation, vous êtes un lâche! Vous avez fui devant votre parole; vous m'avez entraînée en me parlant de votre cœur, et vous n'avez pas de cœur. Mais rassurez-vous, je n'en ai plus, tout est fini en moi.

Et elle lui raconta mot à mot, lui imposant silence, tout ce qu'il avait fait la veille.

Horace se jeta à genoux, reprit la main de Luciana, pleura de vraies larmes et fit ainsi sa confession :

— Luciana ! Luciana ! écoutez-moi ! Luciana, je vous aime. Plaignez-moi, le désœuvrement m'a envahi et m'a perdu. Je n'ai plus la force du bien. Oui, je suis un lâche ; car, vous l'avez dit, je fuis devant le devoir, je fuis devant ma conscience, je fuis devant mon cœur. J'ai éparpillé ma vie, et je ne me retrouve plus. Je ne suis pas le seul, Luciana ; nous sommes ainsi quelques milliers d'enfants prodigues vivant au jour le jour, sans croire au lendemain, parce que nous n'avons plus devant nous la lumière de Dieu. Nous sommes dans le dédale, et nous n'y cherchons qu'Ariane. Quand je me réveille de ces ténèbres, j'ai honte de moi, et je songe à me retremper dans le travail ; mais, je vous l'ai dit, je n'ai plus la force du bien. C'est une femme qui m'a perdu ; elle m'a ruiné le cœur, après avoir gaspillé ma fortune, et aujourd'hui...

— Et aujourd'hui vous vous vengez sur moi du mal que vous a fait cette femme.

— Non, Luciana, je vous aime, et c'est depuis hier que je vois l'odieux tableau de ma jeunesse. J'ai horreur de moi depuis que vous m'avez montré votre cœur. Je donnerais toute ma vie pour redevenir un seul jour digne de la vôtre. Mais, après tout, mes crimes peuvent s'expier. Votre amour — cet amour qui vous a perdue — me sauvera, si vous voulez. J'ai continué à vivre le lendemain comme la veille, parce que votre frère a les yeux sur moi, et que je lui cacherais mal notre passion.

— Il fallait tout lui dire.

— Luciana, ne savez-vous donc pas que j'ai perdu toute ma fortune ? Votre jeunesse et votre beauté sont une dot dont je suis indigne.

— Ma beauté et ma jeunesse ? Vous oubliez ma vertu, monsieur, dit Luciana avec désespoir.

Et se reprenant :

— Ma beauté et ma jeunesse ! et que voulez-vous, que j'en fasse aujourd'hui ?

Horace ne répondit pas ; mais il retint sur ses lèvres ces belles paroles de consolation :

— Les gladiateurs allaient tout nus au combat. La vertu est une mauvaise armure pour la bataille de la vie.

Horace n'avait pas la foi de la passion, mais il en avait la science. Il fut si éloquent, si profond, si paradoxal ; il eut si bien l'art de noyer ses regards et de les allumer tour à tour, que Luciana, égarée, éperdue, éblouie, retomba dans ses bras en lui disant : *Je t'aime !*

— Adieu, lui dit-il en s'en allant ; j'ai déchiré à vos pieds le mauvais livre du passé, je ne veux plus me souvenir ; je ne veux plus vivre que pour vous. Je vais de ce pas voir un ministre qui m'a promis une mission. Nous nous marierons dans la semaine de Pâques, et nous irons passer notre lune de miel aux frais du gouvernement.

— Il m'a perdue, mais je le sauverai, dit Luciana, quand elle n'entendit plus résonner le bruit des pas d'Horace dans l'antichambre.

XVIII

LA PAGE DU BONHEUR

Le bonheur ne se raconte pas. C'est la page la plus courte du roman de la vie. « Je suis si heureuse, que je voudrais mourir ! » disait mademoiselle de la Vallière, un soir, dans le parc de Versailles. Elle aimait le roi, et il lui semblait que son cœur était emprisonné sur la terre. Ce cri de mademoiselle de la Vallière, combien d'autres qui l'ont jeté comme une injure au bonheur !

Luciana fut heureuse toute une semaine.

Horace ne la quittait plus que pour la retrouver. Ils

passaient ensemble tous les jours deux heures de l'après-midi à jouer du piano à quatre mains et à deux battements de cœur. Ils se rencontraient une heure après au bois ; ils dînaient ensemble à la table de madame Mariani sans trahir leur secret, et le soir le même théâtre ou le même salon les enchaînait encore;
— il n'y a pas d'autre mot.

Luciana avait diverses aspirations. Toute à son amour, elle ne pouvait s'empêcher çà et là de songer que la vie à Paris est impossible sans beaucoup d'argent pour quiconque a entrevu les insolences du luxe ; le luxe, ce royaume de Golconde, qui commence à l'Opéra et finit à l'Arc de Triomphe, qui piaffe à quatre chevaux dans les Champs-Élysées, qui valse à deux temps à l'ambassade d'Angleterre : montagnes de dentelles, rivières de diamants, salons peints et dorés, fêtes et féeries, paradis perdus et retrouvés.

Et Luciana se disait que le luxe était sa vraie patrie.

Mais elle voyait passer bras dessus bras dessous des amoureux sans équipages, gais, insouciants, oublieux, et elle se disait que le vrai royaume de Golconde, c'était l'amour.

— Horace est ruiné, disait-elle, mais il est beau, et je serai plus fière de passer bras dessus bras dessous avec lui que de monter dans la demi-daumont du baron d'Hunerolles.

Et elle prenait bravement une aiguille pour raccommoder ses dentelles.

Cependant madame Mariani ne raccommodait pas ses dentelles.

— Es-tu bien sûr, dit-elle un jour à son fils, qu'Horace n'aime pas Luciana?

— Es-tu bien sûre, dit le fils à sa mère, que Luciana n'aime pas Horace?

— Non, Luciana joue son jeu avec le baron. Aussi as-tu vu hier comme il était inquiet. Il doit venir ce soir me demander sa main.

— *Partie officielle.* A la bonne heure, car depuis huit jours je ne suis pas content d'Horace : il ne joue plus, il ne parle plus, il ne soupe plus. Hier il a mangé une aile de caille et une feuille de salade à un souper qui a duré deux heures.

XIX

QUE LES JEUNES FILLES ONT BEAUCOUP
DE PEINE A PAYER LEURS RUBANS

Mademoiselle Mariani, quoique emportée par tous les beaux rêves de la jeunesse qui ne s'inquiète jamais des comptes de la cuisinière, avait plus d'une fois songé que l'argent manquait ou manquerait au logis. Elle avait appris à peindre au pastel dans la tradition de la Rosalba ; elle avait retrouvé cet art, si familier à sa compatriote, de répandre du brouillard sur des roses. Il lui vint un jour ce beau dessein de faire des pastels et de les vendre. Elle travailla tout un jour, elle travailla toute une semaine.

Quand venait Horace, elle lavait bien vite ses jolies mains et courait en toute hâte dans le salon.

— Que faites-vous donc ? lui dit-il un jour qu'elle avait les mains encore tachées de rose et de bleu.

— Rassurez-vous, lui dit-elle, je ne fais pas ma figure. J'ai commencé un pastel.

— Faites-moi donc votre portrait.

— Non, je ferai le vôtre si vous voulez, ou plus tôt je ne ferai ni l'un ni l'autre.

— Pourquoi donc?

— Parce que je les ferais mal. Il y a deux personnes au monde qu'on ne voit jamais comme elles sont : c'est soi-même et un autre soi-même.

Au bout de huit jours, Luciana avait parachevé avec une grande délicatesse de touche deux figures de fantaisie, deux contrastes frappants : la Rêverie et la Curiosité. Quoique d'un dessin douteux, ces deux figures étaient charmantes.

Hector regardait peindre sa sœur avec bonheur.

— Tu me donneras ces deux figures-là ? lui dit-il un jour.

— Non, lui répondit-elle.

— Pourquoi ?

— Parce que je veux les vendre.

— Les vendre ?

— Oui, je suis désespérée de voir ce qu'il faut d'éloquence pour répondre tous les jours à des créanciers. J'ai honte de mes robes lamées d'or et d'argent. Tu vois que je puis faire deux figures par semaine ; à cinquante francs la figure, cela fait cent francs. Il y a quatre semaines dans un mois! Tu vas me faire le plaisir d'aller chez Susse ou Giroux pour me vendre ces pastels.

— Jamais ! dit Hector. Est-ce que tu deviens folle ? Jamais je ne consentirai à voir l'argent tomber de tes belles mains ; je rougirais de ton travail, qui accuserait ma paresse. Rassure-toi, j'attends ces jours-ci de l'argent de Venise.

Hector n'attendait pas d'argent de Venise, mais il espérait gagner au jeu.

— Je te dis, mon frère, que j'en ai assez de cette vie d'exhibition. Je me suis trop montrée aux Champs-Élysées, je me suis trop montrée au spectacle, je me suis trop montrée dans le monde. Si tu savais comme je trouve cela bon de vivre chez soi, heureuse du travail, oubliée de tous !

— Oui, oui, dit Hector. Des aspirations de violette qui se cache, mais qui sait qu'on la cueillera. Encore une fois, ne t'inquiète pas ; la fortune de mon père sera ta dot.

— C'est toi qui es fou ! et maman ?

— Ne suis-je pas là, moi ? Est-ce que tu te figures que je vais rester soldat pendant la paix ? J'ai des amis dans la banque ; s'ils m'y refusent une place, je prendrai la Banque d'assaut : cela vaudra mieux que de faire des pastels.

— Tu ne veux pas aller vendre les miens ?

— Non ; je te les achèterai, si tu veux.

— Ne parlons plus de cela, murmura mademoiselle Mariani avec impatience.

Quand elle fut seule, elle sonna sa femme de chambre et lui ordonna d'aller vendre ses pastels, à quelque prix que ce fût.

La femme de chambre revint une heure après avec les deux figures.

— Mademoiselle, j'ai été bien mal reçue avec ces pastels. Dans la première maison, on m'a offert de m'en vendre deux mille pareils à ceux de mademoiselle. Il paraît que toutes les jeunes filles d'à présent font de ces choses-là et jouent du piano ; dans la seconde maison, on m'a dit : « Voilà de jolis pastels ; mais pour les vendre cinquante francs il faudrait y mettre un cadre de cinquante francs. »

— C'est bien, dit Luciana sans se décourager ; je ferai des portraits.

XX

LES PORTRAITS AU PASTEL

Madame Mariani, se pavanant dans son satin, ses fourrures, ses plumes, ses pendants d'oreilles et ses bracelets, revenait alors de sa promenade aux Champs-Élysées.

Madame Mariani ne manquait jamais à cette exhibition.

Tout pouvait crouler autour d'elle sans l'atteindre s'il lui restait ses deux heures de promenade, où elle disait d'un regard triomphant à la fenêtre de son char armorié à six cents francs par mois : « C'est moi! toujours belle et toujours vaillante ! »

Elle était la plus heureuse femme du monde quand elle entendait dire par les désœuvrés :

— Voilà madame Mariani qui passe.

Elle n'entendait pas ceux qui disaient :

— Elle est passée et très-passée.

Les femmes de quarante ans s'imaginent toutes qu'elles ont le secret de la fontaine de Jouvence et qu'elles demeurent jeunes au milieu des ruines de leur temps. Les dernières illusions sont les plus braves. Madame Mariani n'avait pas encore inscrit sur son miroir cette pensée d'un poëte : « Jusqu'à quarante ans, la femme n'a dans le cœur que quarante printemps, mais après quarante ans elle a quarante hivers. »

— Comme te voilà mélancolique ! dit-elle à sa fille en jetant un coup d'œil dans le miroir.

Luciana conta à sa mère la mésaventure de ses deux pastels.

— Mais je t'ai déjà dit que je voulais gagner au moins mes robes ; puisqu'on ne veut pas de figures de fantaisie, je ferai des portraits.

— Y penses-tu, ma chère Luciana ? Pour qui nous prendrait-on ? pour des aventurières !

— Crois-tu, maman, que les créanciers qui nous font tant de visites aient de nous une très-haute opinion ?

— Que m'importe ! L'opinion dont je me soucie, c'est l'opinion du monde.

— Le monde, maman, c'est tout le monde.

— Quoi qu'il en soit, je te permets de te barbouiller les mains en peignant par distraction, mais je ne veux pas que tu fasses des portraits pour gagner de l'argent.

Mademoiselle Mariani rappela l'histoire de la Rosalba, une Vénitienne comme elle, qui fut, sous la Régence, la lionne de Paris par ses pastels.

— Elle allait dans le meilleur monde ; elle dînait à la cour, ce qui ne l'empêchait pas de faire payer cher ses portraits. Laisse-moi tenter la fortune, ma main n'en sera pas moins blanche.

— Elle a peut-être raison, pensa madame Mariani, qui n'avait pas de suite dans les idées et qui se laissait convaincre par tout le monde, excepté par elle-même.

Luciana avait connu au Sacré-Cœur une jeune fille du faubourg Saint-Germain, mademoiselle Hélène de Vermoncey. Elles s'étaient plu d'abord par la figure ; elles s'étaient plu bientôt par l'esprit ; on eût dit deux sœurs qui se retrouvaient. Elles s'étaient liées rapidement ; elles avaient lu l'une dans l'autre comme à livre ouvert ; enfin, elles avaient fait beaucoup de tort à leurs confesseurs ; aussi, depuis le Sacré-Cœur, elles ne pouvaient vivre deux jours sans se voir ou sans s'écrire.

— Je commencerai par le portrait d'Hélène, pensa mademoiselle Mariani, cela me portera bonheur.

Elle écrivit à son amie, qui vint poser tout de suite.

Le portrait fut charmant. Luciana n'eut pas de peine à confier à Hélène qu'elle était décidée à peindre des portraits pour gagner de quoi acheter des chiffons. Hélène promit de lui amener des duchesses de son monde. Il en vint une, puis deux, puis trois, puis quatre. Quatre figures furent ébauchées ; mais pour ces dames, se faire peindre était une affaire d'État. On voulait essayer sa beauté avec sa robe de satin blanc ou sa robe de velours noir, coiffée à la Sévigné ou coiffée en broussailles; on s'aimait mieux de face quand on était de profil ; l'une se plaignait d'avoir oublié son chien ; l'autre voulait jouer de l'éventail ; celle-ci se trouvait trop pâle, celle-là se trouvait trop rouge.

Horace, qui avait vu les colères de Luciana quand ses modèles venaient de poser, Horace, qui ne comprenait pas pourquoi la patience de la jeune fille survivait à ses colères, car elle n'avait pas été lui dire qu'elle peignait pour de l'argent, lui conseillait d'envoyer ces dames au bois, ou au concert, ou au sermon.

Luciana avait un tort grave : elle peignait ces dames comme elles étaient et non comme elles voulaient paraître; aussi la pauvre fille perdit-elle beaucoup de temps et n'arriva-t-elle à rien.

Après deux mois de travail, la marquise de *** lui donna, pour la payer, un bracelet de corail, disant qu'elle ne voulait pas l'offenser en lui donnant de l'argent, et la princesse de *** lui envoya un bouquet, — un des vingt bouquets qu'elle avait reçus elle-même le jour de sa fête, — avec un petit billet où elle promettait de parler de son talent à la cour. Les deux autres dames ne voulurent pas de leurs portraits, l'une sous prétexte que M. X. la trouvait plus jolie dans l'original que dans le pastel, et l'autre sous prétexte que sa couturière, qu'elle avait amenée un jour, la trouvait trop mal habillée.

Luciana pleura de fureur et se croisa les bras.

XXI

MADEMOISELLE DE MONTDUCATON

Mademoiselle Mariani avait juré de ne plus faire un seul portrait.

— Je ne veux pas même faire le mien, dit-elle à son frère qui le lui demandait.

— Pourquoi ?

— Parce que je suis plus femme encore qu'artiste et que je craindrais de me faire plus belle que je ne suis, ce qui ferait dire à tout le monde que c'est plus beau que nature.

Un matin que Luciana était seule dans sa chambre,

— cette chambre que pendant trois mois elle avait transformée en atelier, — mademoiselle Éléonore lui annonça la visite d'une jeune dame qui désirait se faire peindre.

— Dites à cette dame que j'ai jeté mes crayons au feu.

— Mais cette dame dit que rien ne lui coûtera pour avoir son portrait peint par mademoiselle.

— Priez-la d'entrer.

Mademoiselle Éléonore annonça mademoiselle de Montducaton, qui entra bruyamment.

— J'ai failli laisser mes volants à la porte, dit-elle avec un éclat de rire.

Mademoiselle Mariani reconnut qu'elle avait devant elle une de ces dames qui continuent la légende de l'Enfant prodigue. Elle demeura debout pour ne pas lui donner envie de s'asseoir.

— Madame, dit mademoiselle de Montducaton, on m'a dit qu'il n'y a que Vidal, Giraud et vous qui puissiez faire mon portrait au pastel.

Et, sans plus de façon, voilà cette demoiselle qui s'assied sur un fauteuil en laissant sur les bras les trois quarts de sa robe.

— Madame, dit Luciana avec une dignité glaciale, je ne veux plus faire un seul portrait.

— Oh! vous ferez encore le mien. Je n'aime que le pastel! C'est gai, c'est doux, c'est fondant comme la pêche sur l'espalier. Si j'avais votre talent, je me peindrais tous les jours la figure pour corriger la vérité. Je vous en supplie, faites mon portrait! La question d'argent n'est pas une question pour moi; je ne thésaurise pas, Dieu merci. Voulez-vous mille francs? Voulez-vous un louis chaque fois que la pendule sonnera, comme M. Diaz de la Peña?

— Madame, dit Luciana en rougissant, je ne vous ai pas donné le droit de me parler ainsi.

— Que voulez-vous dire? Une duchesse de vos amies, je ne sais plus laquelle, m'a conseillé de venir à vous si je voulais un bon portrait. Je vous dis que je vous le payerai comme aux meilleurs artistes; il n'y a pas de quoi vous fâcher.

— Elle a raison, pensa mademoiselle Mariani, je dois mettre mon orgueil à mes pieds.

Elle prit résolûment sa boîte à crayons et dressa son chevalet.

Avec ses airs évaporés, mademoiselle de Montducaton cachait sa curiosité. Si Luciana eût été moins émue, elle se fût aperçue bien vite que cette demoiselle n'était venue que pour la regarder de très-près. Jusque-là, ce n'était pas le peintre qui étudiait son modèle, c'était le modèle qui dévisageait son peintre.

Mademoiselle Mariani ne savait pas encore ce qu'elle allait faire, quand la femme de chambre lui annonça à mi-voix que M. Horace la suivait et demandait à entrer.

— Non, dit Luciana à Éléonore; dites-lui que je vais le voir au salon.

Mademoiselle de Montducaton avait entendu.

— Je vous en prie, dit-elle à la jeune fille, dites à M. Horace de venir me voir poser, car il est fort de mes amis. Ce sera d'ailleurs une revanche pour lui : il fut un temps où je le voyais poser tous les jours.

Mademoiselle Mariani outragée ne savait plus que penser. Elle se passa la main sur le front comme pour se demander le mot de cette énigme.

Cependant, Horace, qui attendait dans la pièce voisine, vint pousser la porte et demander audience.

Mais à peine eut-il salué Luciana, qu'il recula jusque sur le seuil en reconnaissant Olympe, indolemment couchée sur le fauteuil de la jeune fille.

Il alla à elle résolûment.

— Vous ici! lui dit-il avec une indignation contenue.

— Oui, moi ici, répondit-elle avec le froid de la couleuvre; je vous attendais.

— Eh bien! ce sera notre dernière rencontre, reprit Horace.

Comme il disait ces mots, mademoiselle Mariani, plus pâle que la mort, disparut comme une ombre. La porte se referma sur Horace et sur Olympe.

— Vous comprenez, dit Horace, que je ne vais pas perdre mon temps à discuter avec vous.

— Qui vous parle de discuter? Mademoiselle Mariani fait des portraits; je suis venue lui demander le mien; j'aurais fini par lui demander le vôtre : quoi de plus simple?

Horace s'avoua que c'était lui qui avait tort. Il laissa mademoiselle Olympe et courut vers Luciana. Il la trouva appuyée à la cheminée du salon, belle et sombre comme la statue de la Jalousie.

— Luciana, lui dit-il en voulant lui prendre une main qu'elle retira par un mouvement convulsif, Luciana, je n'ai jamais prononcé votre nom devant Olympe.

— Que m'importe! dit Luciana en éclatant; vous m'avez déjà habituée à toutes les humiliations; il ne vous manquait plus que de me faire subir l'amitié de votre maîtresse.

A cet instant, mademoiselle Olympe apparut à la porte du salon, et, de l'air du monde le plus dégagé, elle fit une galante révérence.

— A quand la seconde séance? demanda-t-elle avec un sourire moqueur.

On ne lui répondit pas; elle fit une pirouette et disparut.

— Si elle est venue ici, dit Horace avec un regard suppliant, c'est parce que je n'allais plus chez elle.

Et il affirma qu'il n'avait pas répondu à ses dernières lettres.

— Je sais bien pourquoi, dit mademoiselle Mariani

qui ne pouvait plus contenir sa colère : c'est que vous avez perdu au jeu et que vous n'avez plus d'argent...

— Vous avez peut-être raison, dit Horace. Il est certain que je n'ai plus d'argent, mais il est certain aussi que je n'ai plus d'amour pour elle. Que dis-je! je ne l'ai jamais aimée. Si je l'ai aimée, c'est par la haine que j'avais pour elle.

Horace, qui était très-beau causeur, débita quelques paradoxes amoureux. Luciana finit par sourire et par lui pardonner.

— Ce n'est pas votre éloquence qui me convainc; c'est l'amour que j'ai pour vous. Vous avez dans mon cœur un avocat qui gagnera toujours vos mauvaises causes.

Horace avait beau n'aimer qu'en riant, pour ainsi dire entre parenthèses, Luciana se prenait de plus en plus à cette fatale passion comme ceux qui, une fois perdus dans la forêt, s'égarent plus avant, croyant trouver plus vite la lumière. Ils vont, fuyant les ronces envahissantes, mais, à chaque pas qu'ils font, les rameaux plus touffus les enchaînent, et l'ombre plus nocturne les saisit.

A plus d'une reprise, mademoiselle Mariani avait bravement imposé silence à son cœur et s'était juré d'oublier Horace, en prenant Dieu pour refuge. Mais, dès qu'elle revoyait cette figure railleuse et charmante, elle était vaincue.

Une fois pourtant elle se croyait sauvée, quand à un

bal de la cour elle vit Horace qui, sur la garde de son épée, apportait galamment une pomme d'api à une princesse russe qui avait soif et ne voulait pas aller à la salle du souper.

— Jamais je ne pourrai l'oublier, pensa la jalouse et passionnée Luciana.

Elle avait promis de valser. Quand vint son valseur, elle le remit à un an de là.

— Dans un an je serai morte, se dit-elle en regardant Horace.

XXII

LA THÉORIE DU MARIAGE A L'ÉPREUVE

Madame Mariani escomptait trop le mariage de sa fille; elle avait beau faire patte de velours à ses créanciers, on montrait les dents, on l'appelait chez le juge de paix, on menaçait de faire du scandale. Elle était descendue jusqu'à ce créancier des mauvais jours qui s'appelle le Mont-de-Piété. La femme de chambre avait un matin porté les diamants pour qu'on pût donner à dîner le soir. Un autre jour, la couturière n'avait pas voulu livrer une robe indispensable sans qu'on lui donnât, pour garantie de toutes ses façons de l'année, un collier de perles mortes, mais valant bien encore cinq mille francs. Chaque heure rapprochait de la crise.

Enfin, le baron se présenta une après-midi.

Madame Mariani le reçut avec ses yeux les plus doux et son sourire le plus caressant. Femme étrange! elle n'en voulait pas démordre, elle qui n'était pas revenue de l'amour, — car elle était encore sur le rivage, toute prête à s'embarquer une dernière fois, — elle ne voulait pas comprendre que l'amour fût l'âme de la vie d'une femme. Elle croyait que quand sa fille aurait deux millions et qu'elle lui emprunterait vingt mille francs par an, tout le monde serait heureux, sa fille comme elle-même, et le baron par-dessus le marché.

— Eh bien! monsieur d'Humerolles, dit-elle au baron en le saluant, venez-vous m'expliquer vos airs mystérieux?

— Il n'y a point de mystère, madame. J'aime mademoiselle Luciana...

— Et vous venez me demander sa main?

— Oui et non, madame.

— Oui et non!

Madame Mariani sentait son cœur défaillir; il lui semblait voir tomber deux millions dans l'abîme.

— Je m'explique, madame. Je ne suis pas maître absolu de mes actions; j'ai une famille qui a quelque droit à ma fortune; j'ai un frère qui a cinq petits enfants et qui compte sur moi, car il n'a que peu de temps à vivre et s'est presque ruiné à la Bourse. Maintenant, je suis à peu près heureux hors le mariage, vivant sur le bien d'autrui comme les braconniers. Je me trompe, depuis que j'aime mademoiselle Luciana, tout mon cœur est là. Mais, jouons cartes sur table; je suis un homme prudent; en ouvrant ma maison à mademoiselle votre fille, j'appelle peut-être l'orage chez moi, car elle est belle comme le jour, mais elle est quelquefois sombre comme la nuit. Je ne me suis abandonné à cet amour qu'avec beaucoup d'inquiétude. Qui sait si je serai aimé !

— Ma fille, monsieur, aimera son mari et n'aimera que son mari.

— A vous parler franc, je crois qu'elle aimera aussi M. Horace de ***.

— Quelle idée ! Horace ! un ami de mon fils, qui ne vient ici que pour railler l'amour.

— Oui, mais ceux du dehors disent qu'il y vient trop souvent. Je n'accuse pas mademoiselle votre fille, car il a vingt-cinq ans et j'en ai cinquante, mais j'y regarde à deux fois.

— Quoi ! voilà donc où aboutissent tous ces beaux rêves dont vous me berciez depuis un an !

— J'étudiais, j'écoutais, j'attendais. Aujourd'hui, j'aime encore et je rêve toujours, mais le mot mariage me fait peur.

— Qu'osez-vous dire, monsieur?

— Ne vous offensez pas. J'avais ruminé un dessein qui pourrait tout arranger. Partons pour Londres sans rien dire à personne : j'épouserai mademoiselle Luciana par le mariage religieux...

Madame Mariani voulut, dans son indignation, interrompre l'épouseur ; il la supplia de l'écouter jusqu'au bout.

— Après un an et un jour, je jure devant Dieu, madame, de revenir à Paris épouser mademoiselle Luciana à la mairie du premier arrondissement, si elle a été ma vraie femme à Londres, sans avoir regretté M. Horace de ***.

— Monsieur! dit madame Mariani, ceci est un marché et non un mariage.

— Mon Dieu! madame, les bons marchés font les bons mariages. Avant de livrer mon nom et ma fortune, j'ai bien le droit de faire mes réserves.

— Monsieur! si vous aimiez vraiment Luciana, vous ne seriez pas si mathématique. Vous m'avez donné votre parole, il y a six mois, vous pouvez la reprendre, car je n'y tiens plus.

— Non, madame, dit le baron en se relevant ; je ne reprends pas ma parole. Si mademoiselle Luciana n'aime pas M. Horace de ***, elle me comprendra, si elle l'aime, elle me comprendra mieux encore. Adieu, je serai à vos ordres le jour où vous voudrez partir pour Londres.

— Adieu, monsieur ; je ne dirai pas à ma fille les

conditions outrageantes que vous voulez lui imposer. Je ne les dirai pas non plus à mon fils, car il vous imposerait d'autres conditions, celles de nous rendre raison de cette offense.

Madame Mariani alla trouver sa fille dans sa chambre. Elle lui cacha sa fureur et lui dit d'un air dégagé :

— Luciana, le baron vient de venir me demander ta main, et je la lui ai refusée.

— Oh! merci, maman.

Luciana ne put cacher sa joie.

— Mon enfant, tu aimes Horace?

— Non, maman, je n'aime personne; mais le baron moins que personne.

— Ma chère fille, n'écoute pas tes sympathies pour Horace; car aujourd'hui nous ne sommes que ruinées, demain nous serions perdues.

— Perdues! jamais! dit Luciana en portant la main à son cœur. Mon père veille sur nous!

XXIII

L'ESPRIT ET LE CŒUR

Dans le salon de madame Mariani, tout le monde remarquait un portrait d'un beau caractère, quoique un peu étoffé et un peu bruyant, peint par le dernier des Schiavoni, en 1847. C'était le portrait du père de Luciana; une tête sévère et pourtant douce, énergique et pourtant riante. Chose singulière! quoique ce portrait fût peint un an avant la révolution vénitienne*, on

---

* Ce roman — cette histoire — publiée par la *Presse* en février et en mars 1849, était écrite avant la dernière guerre d'Italie.

lisait dans la physionomie que celui-là qui pensait à sa femme et à sa fille pensait surtout à son pays. Rien qu'à la première vue, on reconnaissait un de ces héroïques révolutionnaires qui triomphent ou qui meurent quand il est trop tard pour triompher.

Comme Horace regardait souvent ce portrait, Luciana lui dit un jour :

— Vous voyez bien cette figure-là, c'est ma conscience! Il m'arrive de rougir devant mon père quand une mauvaise pensée me passe par l'esprit. Depuis que je vous connais, je me suis déjà bien des fois inclinée toute repentante devant lui, le suppliant par mes larmes.

— Un brave homme! dit Horace, j'aurais voulu le connaître.

— Oui; mais, s'il eût vécu, vous ne m'auriez pas rencontrée à Bade. C'était un homme d'étude, toujours ardent au travail, toujours dédaigneux des fêtes. Je me trompe : quand il avait une heure à perdre, il me faisait sauter dans une gondole et m'emmenait vers le Lido, mais toujours tout à son idée : Venise! Venise! Venise! « Vois-tu, me disait-il quand nous revenions, le plus souvent sans avoir abordé, vois-tu toutes ces églises et tous ces palais qui se baignent dans la mer : C'est Venise la belle, c'est le plus beau pays du monde! mais c'est aujourd'hui le pays des ombres, car à Venise il n'y a plus de Vénitiens! » Et il s'indignait, et il se frappait le front, et il dévorait ses larmes, en disant un vers oublié ici, mais tout bruyant à Venise :

Qui vivra sera libre, et qui meurt l'est déjà !

— Un beau vers! s'écria Horace.
— Oui, reprit Luciana. Je ne comprenais pas alors; je trempais mes doigts dans la mer, ou j'effeuillais un bouquet en me disant tout bas : Pourquoi pleurer? on s'amuse tant à la Fenice! les pigeons de la place Saint-Marc battent si doucement des ailes! les bouquetières sont si gaies et les gondoliers chantent si bien! Non, je ne comprenais pas; mais, depuis, mon père s'est fait tuer pour sa chère Venise, et j'ai compris.

Mademoiselle Mariani avait une religion pour son père. Elle aimait sa mère, mais elle ne lui pardonnait pas sa vie aventureuse depuis bientôt dix ans, car si madame Mariani eût été un peu moins romanesque, elle aurait pu, avec ce que lui avait laissé son mari, vivre à Venise ou même à Paris, dans un veuvage silencieux, dans l'amour de ses enfants, dans l'horizon tempéré des vertus domestiques.

Luciana ne comprenait pas le bonheur aux quatre points cardinaux; elle était née pour les joies de l'intérieur; elle remerciait Dieu de l'avoir faite belle, mais ne croyait pas que Dieu l'eût condamnée à courir le monde pour exhiber cette œuvre parfaite de la nature.

Elle avait même, — chose admirable et rare, — la pudeur de la beauté. Elle aurait voulu ne se montrer dans tout son éclat que le jour de son mariage.

— Vous ne comprenez pas le cœur humain, disait-elle à Horace ; vous vous dispersez, vous vivez en dehors, vous vous jetez à tous les vents, si bien qu'un jour, quand on porte la main à votre cœur, il n'y a plus personne.

Et mademoiselle Mariani portait doucement sa main au cœur d'Horace.

— N'est-ce pas, disait-elle, que c'est comme une ville ravagée par l'ennemi et dévorée par les flammes?

— Herculanum et Pompeïa, dit en souriant Horace ; mais rassurez-vous, le Vésuve gronde au-dessus et au-dessous.

— Ah! nous sommes plus sérieuses en Italie, reprenait tristement Luciana ; nous veillons sur nos cœurs comme la vestale antique sur le feu sacré, car nous autres nous avons l'âme dans le cœur. A Paris, vous pouvez vous passer de cela, tant vous êtes envahis par les folies ou les ambitions ; mais nous, nous ne croyons qu'à notre cœur, et le jour où il est frappé à mort, nous mourons.

Luciana dit ces derniers mots avec une expression sévère et triste.

— Comme vous ressemblez à votre père! dit alors Horace.

— Oui, reprit-elle, c'est la même âme! Je me

trompe ; c'est la même flamme. Mon frère ressemble à ma mère. Il a toutes ses aspirations vers l'inconnu; il aime le bruit, les fêtes, les voyages. Celui-là est un Parisien comme vous ; il n'a jamais eu le temps de vivre une heure avec lui-même ; aussi ne se connaît-il pas.

— Vous vous imaginez que vous vous connaissez, ma chère Luciana?

— Oui, je me connais, mon cher Horace, et je puis, si vous voulez, là, devant mon père qui nous regarde, me tirer mon horoscope, en regardant dans vos yeux. Dans un an, dans six mois, demain peut-être, vous m'aurez oubliée, et je mourrai de mon amour pour vous, comme mon père est mort de son amour pour Venise.

— Et vous dites que vous n'êtes pas romanesque? reprit Horace, qui ne voulait pas que leur passion prît un caractère si sérieux. Rassurez-vous, je vous aimerai demain, dans six mois, dans un an, toujours.

— Toujours!... murmura Luciana avec un sourire mélancolique. Dites-moi, Horace, toujours, combien cela veut-il dire de temps à Paris?

— Ma chère Luciana, il faudra que je consulte, avant de vous répondre, le *Dictionnaire de l'Académie*.

— Oh! beau faiseur d'esprit! voilà tout ce que vous avez à me dire! Le *Dictionnaire de l'Académie!* Vous n'êtes pas content si vous n'ajustez une raillerie à chaque enthousiasme. Vous vous croyez perdu si vous ne bafouez pas un bon sentiment par un mauvais trait d'esprit.

— Vous avez raison, Luciana; je ferme le *Dictionnaire de l'Académie*, et je vous ouvre mes bras.

Et Horace appuya Luciana sur son cœur.

— Je sais bien pourquoi vous m'embrassez, Horace; c'est que vous voulez vous en aller; mais je ne vous retiens pas, car je connais le proverbe : « En amour, le despotisme brise plus de chaînes que la liberté. »

— Je ne voulais pas m'en aller, dit Horace; mais je me rappelle que j'ai à payer ce matin une dette de jeu. D'ailleurs, j'entends, je crois, madame Mariani.

— Oui, j'avais oublié que nous sortons ce matin pour aller au sermon. Adieu, je cours m'habiller; dites à ma mère que vous êtes venu pour la voir.

Et mademoiselle Mariani s'envola, tout à la fois heureuse et inquiète; mais le bonheur qui n'est pas inquiet, c'est le bonheur qui ne se connaît pas.

Demeuré seul un instant dans le salon, Horace regarda sans le vouloir le portrait du père de Luciana, dont les yeux scrutateurs interrogèrent son âme. Mademoiselle Mariani avait dit que son père était sa conscience; Horace se sentit pâlir devant ce portrait.

— Qu'ai-je fait de sa fille? dit-il avec émotion.

XXIV

COMMENT HECTOR REMPLIT LE ROLE DU DESTIN

Madame Mariani, quoiqu'elle eût quarante ans, n'avait pas encore abdiqué. Elle récoltait d'une main toute fiévreuse le regain de l'amour dont les senteurs pénétrantes lui montaient à la tête. Si elle courait le monde, si elle allait au bois, si elle donnait des fêtes, elle disait que c'était pour sa fille, mais c'était surtout pour elle-même. Voilà pourquoi elle ne s'apercevait pas de la passion presque visible pour tout le monde de mademoiselle Mariani pour Horace.

Comme toutes celles qui ont traversé le paradis de

l'amour, elle croyait avoir cueilli le fruit amer de l'expérience ; mais l'éventail de Célimène l'empêchait de voir les pâleurs de sa fille.

D'ailleurs, toute à ses dernières folies, dans le tourbillon rapide des dernières années de la femme, il lui arrivait souvent de laisser Luciana seule au coin du feu, sans prévoir qu'elle pût songer à autre chose qu'à ouvrir l'*Imitation de Jésus-Christ*.

Un jour que madame Mariani était sortie sans sa fille, Horace trouva Luciana qui pleurait à son piano. Il lui prit les mains et la baisa au front.

— Ma chère Luciana, pourquoi pleurez-vous?

— Je pleure pour une raison que je ne dirai jamais.

Luciana avait lu, sans presque le vouloir, une lettre de sa mère qui trahissait ses dernières aventures.

— O mon Dieu! s'était-elle écriée en tombant à genoux, nous sommes donc maudites toutes les deux!

Jusque-là, elle avait bien remarqué les légèretés de sa mère, je veux dire certaines familiarités dans ses propos avec les hommes de sa compagnie, certaines camaraderies un peu hasardées avec ceux qui montaient à cheval avec elle; mais elle était si loin de croire aux fautes de sa mère, que cette fatale lettre fut toute une révélation!

— Horace! Horace! votre amour m'a jetée dans l'abîme; mais, depuis une heure, je suis plus profondément perdue que jamais.

— Luciana, expliquez-vous!

— Non, c'est un secret qui n'est pas à moi.

Et mademoiselle Mariani montrait ses beaux yeux tout humides de larmes.

Elle prit les mains d'Horace.

— Si vous m'aimez, ne me laissez pas ici.

— Que s'est-il donc passé?

— Rien; si ce n'est que jusqu'aujourd'hui je croyais trouver un cœur pour m'absoudre devant Dieu. Horace, je vous en supplié, partons!

— Partir! et où voulez-vous aller?

— Que m'importe! pourvu qu'on m'oublie, pourvu que j'oublie!

— Vous êtes romanesque, Luciana.

— Vous ne devriez pas m'en faire un reproche, Horace. Si je suis romanesque, c'est à force d'amour. Croyez-vous donc que je me sois perdue par une simple distraction? La passion nous perd, mais la passion nous sauve aussi. Ah! Horace, vous n'aimez pas, vous.

— Luciana, je vous aime de toute mon âme.

— Vous m'aimez, mais vous ne dérangeriez pas pour moi une seule heure à votre vie. Si vous m'aimiez, je ne serais pas votre maîtresse, mais votre femme!

— Vous avez raison; nous n'avons pas commencé par le commencement; mais que voulez-vous que je fasse? Vous savez que je suis brouillé avec mon père.

Avec mon nom et avec votre beauté, que dirait-on si l'on nous voyait aller à l'autel en sachant que nous n'avons pas le sou ni l'un ni l'autre?

— L'amour ne fait pas de pareilles réflexions! Horace, vous ne m'aimez pas.

— Je vous prouverai que je vous aime; mais attendez tout du temps.

— Le temps! le temps! Prenez garde, quand vous voudrez me donner votre nom, je serai morte.

— Morte!

Et Horace regarda Luciana de l'air d'un homme qui ne croit pas aux prédictions sinistres des femmes désespérées.

— Oui, Horace, riez. Je comprends ce que vous vous dites à vous-même. Vous connaissez peut-être les femmes, mais vous ne me connaissez pas.

— C'est possible. Je ne suis pas, d'ailleurs, de l'opinion du moraliste qui a dit : « Toutes les femmes sont la même. »

— Voulez-vous m'enlever?

— C'est votre ultimatum?

— C'est mon refuge. Croyez-vous donc que j'accepte plus longtemps cette humiliation d'être votre maîtresse comme la première venue? Vous êtes un homme de cœur; vous croyez à ma vertu, même dans mes défaillances. Je veux vivre pour vous et avec vous. S'il faut travailler comme une servante pour racheter mes fautes, je le ferai avec bonheur, sous vos yeux.

— Non, ma chère Luciana, ces belles mains blanches sont faites pour ne rien faire. Est-ce que les lys travaillent? Est-ce que le bon Dieu ne donne pas la rosée aux roses? Je ne suis pas encore si abandonné du ciel que je ne puisse conquérir votre bonheur, quel que soit le sacrifice.

Horace se promena à grands pas par le salon, emporté par une idée soudaine.

Comme il avait perdu la veille au jeu, il était lui-même dans un de ces jours nocturnes où le soleil se cache obstinément.

Il avait beau lever les yeux, le désespoir était partout.

— Après tout, se disait-il, pourquoi ne partirais-je pas avec elle? Il me reste trois ou quatre billets de mille francs; c'est assez pour vivre deux mois à Naples. Dans deux mois, j'écrirai à mon père que je vais épouser une Italienne de grande maison, je réformerai ma vie, je ne jouerai plus, je me renfermerai dans l'amour de Luciana. Qu'est-ce que le bonheur? C'est l'amour d'une honnête femme.

Il revint droit à Luciana.

— Eh bien! je vous enlève; mais tout de suite. Mettez votre chapeau et votre châle.

— Ah! je vous remercie, Horace, dit mademoiselle Mariani en se jetant dans les bras du jeune homme. Accordez-moi cinq minutes pour écrire à ma mère et remplir au hasard un sac de nuit.

Mademoiselle Mariani courut à sa chambre.

A peine Horace était-il seul dans le salon, qu'on sonna à la porte de l'antichambre.

— Allons, dit-il, voilà la destinée qui va entrer pour nous empêcher de partir.

En effet, c'était Hector, qu'on n'attendait pas.

— Tiens! c'est toi! dit-il à Horace en entrant dans le salon. Que fais-tu donc ici?

— Rien. Je passais dans la rue; je suis monté. On me dit que ta mère est sortie et que ta sœur peint dans sa chambre.

— C'est étonnant! pensa Hector. Il commence à venir un peu souvent ici.

Et, regardant fixement Horace :

— Est-ce que tu as quelque chose à dire à ma sœur?

— Non; puisque te voilà, allons-nous-en.

D'une main Horace prit son chapeau et de l'autre le bras de son ami.

— J'ai mille et une choses curieuses à te dire, à toi.

— Que ne me les dis-tu ici?

— Tu sais que j'aime à parler en marchant.

A cet instant, mademoiselle Mariani entra par la porte du fond. Hector l'aperçut dans une glace et se retourna.

— Dans quel équipage! avec un sac de nuit! Quel est donc ce mystère?

Hector chanta les dernières paroles.

— Il n'y a pas de quoi chanter, murmura Luciana toute rougissante, je te dirai cela demain.

— Non, je veux que tu me dises cela aujourd'hui.

— Pourquoi cette insistance? dit Horace en voulant entraîner Hector. Je sais par la femme de chambre que mademoiselle Mariani va porter avec cette fille des secours dans une maison de la montagne Sainte-Geneviève.

— Oh! du moment que c'est la charité qui se cache, pas un mot de plus, dit Hector à Horace. Mais laisse-moi embrasser ma sœur.

Il alla embrasser Luciana et sortit avec son ami.

Luciana retourna dans sa chambre et se remit à pleurer.

— O mon Dieu! dit-elle en regardant le ciel par la fenêtre, j'étais si heureuse d'aller respirer l'air vif loin de cette atmosphère parisienne qui me tue!

Elle pensait à sa mère; elle n'osait pas l'accuser, mais elle n'avait pas un mot pour la défendre.

XXV

OU M. H*** ÉVOQUE LE DIABLE

Les soirées de la rue de Sèze devenaient fort à la mode. Les Italiens y chantaient, les sociétaires du Théâtre-Français y jouaient la comédie de paravent ; M. H*** y révélait le monde invisible.

M. H*** vint un soir sans être attendu. Un grand silence se fit.

Quand M. H*** n'est pas là, on rit un peu beaucoup de sa prescience, de sa divination, de ses fantasmagories, comme on riait autrefois des sorcières après l'heure du sabbat. Mais, quand M. H*** a franchi le seuil d'un salon, quand il a montré sa pâleur, ses airs étranges, son regard profond, il imprime je ne sais quelle domination inaccoutumée. On dirait que le prince des ténèbres va vous parler du monde nocturne. Les plus railleurs sont un peu désarmés ; les moins croyants ne doutent plus ; Cagliostro lui-même avouerait son émotion.

Ce qui gâte les romans d'Anne Radcliff, c'est que, dans les dernières éditions, elle s'est amusée à rire elle-même de toutes les terreurs qu'elle a inspirées. Elle a expliqué le mot à mot de ses apparitions. M. H*** ne se raille pas lui-même ; il a bien plus d'esprit que s'il avait de l'esprit : il donnerait volontiers un coup d'épée à celui qui le féliciterait de ses prestidigitations.

A une des soirées de la rue de Sèze, Horace, qui était tout à la fois un railleur et un croyant, demanda une grâce à M. H***.

— Je vous saurai infiniment de gré si vous vouliez me présenter au diable.

— Je n'ai pas l'honneur de le connaître, répondit M. H***.

Et comme il vit qu'on allait prendre au mot l'homme d'esprit et douter du *medium*, il ajouta :

— Si le diable existe, nous le verrons bien, car je vais l'appeler.

Le salon était très-illuminé. Toutes les lumières s'éteignirent comme par magie. Les femmes poussèrent un cri et se rapprochèrent les unes des autres, sans trop s'apercevoir s'il y avait des hommes au milieu d'elles. Une seule bougie demeura allumée sur la cheminée. Le feu, qui flambait gaiement à l'arrivée de M. H***, ne répandait plus qu'un pâle sillon de lumière par ses charbons peu à peu s'éteignant. M. H*** traversa gravement le salon, s'arrêta devant l'âtre, et y répandit je ne sais quelle poussière qui s'alluma et éblouit tout le monde.

— Vous avez vu? demanda-t-il à Horace.

— Oui, répondit Horace. J'ai vu une flamme fantastique, rouge, verte, bleue. Est-ce que c'était une flamme de l'enfer?

— Je ne sais pas, dit M. H***. Pour moi, il m'a semblé voir le diable.

— Et moi aussi, dit une jeune fille, j'ai parfaitement vu ses cornes et sa queue.

Tout le monde se mit à rire ; mais M. H*** ne riait pas.

— Je vais recommencer, dit-il.

Et le voilà qui jette encore sa poudre au feu. Et voilà qu'une seconde fois une flamme diabolique se répand dans l'âtre.

— Oh ! pour le coup, dit Luciana, il n'y a pas à en douter, c'est le diable en personne.

Et se tournant vers M. H*** :

— De grâce, dites-moi ce que vous avez jeté au feu.

— Le diable, dit-il ; je l'avais dans mon porte-monnaie. Si vous en doutez, mademoiselle, interrogez-le vous-même.

Disant ces mots, M. H*** fit signe à une petite table en marqueterie, qui était à l'autre bout du salon, de venir se poser devant mademoiselle Mariani.

Cette fois, tout le monde fut effrayé ou surpris, — excepté M. de Voltaire, — un biscuit de Sèvres qui ornait une console.

M. H*** présenta du papier et un crayon à mademoiselle Mariani.

— Mademoiselle, faites au diable une question, il vous répondra.

Mademoiselle Mariani, qui ne savait plus ce qu'il fallait croire de tout ceci, écrivit à tout hasard ces trois mots : *Où est l'enfer?*

A cet instant, la dernière bougie s'éteignit. La table s'agita violemment. Tout à coup on vit apparaître une main qui s'empara du crayon et écrivit.

M. H*** était resté debout à la cheminée, sans s'approcher de la table ; mademoiselle Mariani s'était reculée avec épouvante ; Horace lui-même, qui se trouvait derrière elle, n'avait osé s'approcher.

— Lisez, disait M. H*** à mademoiselle Mariani.

Deux bougies se rallumèrent sur la cheminée. La jeune Vénitienne prit le papier du bout des doigts et lut la réponse du diable.

Il n'y avait que trois mots écrits en lettres cabalistiques : *Dans ton cœur.*

Horace s'approcha de M. H***.

— Voilà qui est très-bien fait, dit-il d'un air dégagé. Montrez-moi donc le dessous des cartes.

— Le dessous des cartes? Je ne joue pas aux cartes, répondit M. H***.

Et, comme il vit que Horace ne voulait pas croire à ses miracles, il le pria de le suivre dans un petit salon qui était au bout de l'appartement. Et quand tous les deux furent seuls dans ce salon, M. H*** ferma la porte, mit les bougies par terre et dit à Horace de se regarder dans le miroir à biseaux qui était suspendu à la cheminée.

— Que voyez-vous?

— Je me vois.

— Ce n'est pas vous, c'est un autre vous-même, c'est votre *double*, c'est votre conscience.

Horace se mit à rire.

— C'était pour voir cette merveille que nous sommes venus ici?

— Non; vous allez voir un autre *double*, une autre conscience.

— A la bonne heure!

— Regardez bien.

M. H*** passa rapidement l'index sur la glace comme s'il dessinait une figure.

— C'est étrange, dit Horace, je vois un portrait.

Il se tourna vers M. H***.

— Expliquez-moi cette vision.

— Je n'explique rien, car je ne sais rien, si ce n'est que j'ai franchi, sans le vouloir, le seuil de l'Inconnu. Pourquoi voyez-vous ce portrait? C'est que vous aimez la femme qu'il représente. Rassurez-vous, je ne dirai pas votre secret.

Ils rentrèrent dans le salon. Horace était pâle encore. Il déclara que M. H*** était le plus merveilleux peintre de portraits qui fût à Paris. Il raconta comment il avait vu peu à peu se dessiner dans le miroir du petit salon le portrait d'une dame qui n'avait pas posé pour la ressemblance.

— C'était moi, n'est-ce pas? dit Luciana à Horace.

— Oui, répondit Horace. Vous voyez bien qu'entre nous, c'est à la vie, à la mort.

XXVI

PHILOSOPHIE TRANSCENDANTE D'UN SALON
A LA MODE

Ce fut vers ce temps-là que je fus conduit par Horace chez madame Mariani, à une des soirées de la rue de Sèze.

Il avait trop l'air d'être chez lui : il était si galant avec la mère, qu'il me fut facile de juger qu'il cachait son amour pour la fille.

Luciana me parla de Bade et du château de la *Favorite*.

— Vous étiez alors la Belle au bois dormant, lui

dis-je ; le prince Charmant est-il venu frapper à la porte?

— Non, dit-elle en regardant Horace à la dérobée. On ne m'a pas encore réveillée.

Je me rappelle comment Luciana était vêtue. Sa robe de gaze blanche, dont les jupes étaient relevées par des guirlandes de roses, l'enveloppait d'un nuage de poésie ; les manches à la grecque dévoilaient un bras onduleux d'un dessin fin et fier. Son corsage ne masquait qu'à demi un sein presque abondant, mais qui s'harmonisait adorablement avec la ligne serpentante des épaules.

Elle avait un collier de perles fausses, mais le cou était digne de porter les perles de Cléopâtre.

Ses cheveux noirs à reflets dorés, toujours rebelles au peigne, tombaient en boucles dans le style antique.

Elle avait beau renfermer sa passion à triples verrous, elle laissait transpercer par ses lèvres entr'ouvertes et par ses regards humides, je ne sais quelle voluptueuse révélation de ses joies cachées.

Ce soir-là on parla de tout. La conversation partit de l'Opéra pour aboutir à l'immortalité de l'âme. Luciana, qui avait la prescience de sa mort prochaine, aimait beaucoup ces beaux rêves des poètes vers les mondes futurs.

Horace, qui cachait sa science en disant qu'il ne savait que son cœur, débuta ainsi ou à peu près :

— Les poëtes et les femmes ne regardent point sans émotion les étoiles; or les poëtes et les femmes pourraient bien être les prophètes du sentiment, les voyants de nos destinées futures. La nature a donné à l'homme un sixième sens; — celui de l'avenir; — mais ce sens est enveloppé de ténèbres. La vision magnétique de la vie future ne se forme point à la lumière du raisonnement : elle réside dans les limbes du cœur humain. L'action, le mouvement, les choses extérieures, le souci des affaires, étouffent ce faible rayon. Pour croire, il faut aimer; pour espérer, il faut souffrir. Il n'y a que les natures délicates et froissées dont l'œil intérieur s'ouvre au mystérieux soleil de la tombe. Quand Socrate, dans le *Phédon*, parle à ses disciples d'une autre vie, quand il entend déjà le bruit de sphères célestes, quand il donne à ses amis qui pleurent un rendez-vous dans les étoiles, Socrate tient en main la coupe au fond de laquelle l'injustice humaine a broyé la ciguë.

On interrompit Horace pour lui dire qu'il était trop savant.

— Moi? je n'ai jamais étudié, dit-il en reprenant son air railleur; mais, si vous voulez, je parlerai ainsi trois heures durant.

Et il continua :

— J'aime cette théorie des âmes voyageuses, renaissant de sphère en sphère, revêtant une existence successive dont les termes ne sont point connus, allant ainsi à la recherche du bonheur, à la recherche de Dieu qui recule toujours, aspirant à la lumière croissante de l'éternité, séparées de l'infini par un abîme, mais par un abîme dont les ténèbres se dissipent de plus en plus, laissant de monde en monde les dépouilles d'une existence mortelle dans la forme, immortelle dans le principe. Pour le sage qui contemple ainsi les choses, la mort est un changement fécond : chrysalide d'une autre vie, il s'enveloppe plein de foi et d'espérance dans les plis funèbres du linceul, comme l'insecte fileur dans les liens de soie qu'il doit briser avec ses ailes. Mais je crois que je parle trop bien : on ne m'écoute plus.

— Les philosophes matérialistes ont beaucoup moins à nous apprendre sur le sort de l'homme après la mort, dit un jeune philosophe qui n'avait pas encore de philosophie. Il serait pourtant injuste de croire que cette doctrine désolante soit tout à fait incompatible avec le dogme de la perpétuité des êtres. Quelques peuples athées de l'Orient n'en professent pas moins pour cela le culte des ancêtres. Ils croient à une âme matérielle, ayant la figure exacte des corps et continuant de hanter les lieux où leur existence s'est accomplie. Enchaînés aux éléments, ces demi-morts assistent la nature dans ses mystérieuses combinaisons ; ils président aux destinées humaines ; ils versent leur influence sur les vivants. L'amour et la haine, les sentiments et les passions qui les ont animés durant leur présence parmi les hommes, continuent d'agiter leur cœur. Ils pensent, ils veulent, ils se meuvent ; donc ils existent. Ce sont, pour ainsi dire, des êtres évaporés. Ils vont où va l'âme de la fleur, quand elle rend son dernier soupir embaumé. La conclusion que je tire de ces faits, c'est que le néant est, même, au point de vue matérialiste, le fruit amer de la philosophie moderne. Les anciens ne concevaient rien de semblable. Cette idée, ou, pour mieux dire, cette négation, est fille du désespoir ; c'est plutôt un défi qu'une doctrine : sainte Thérèse plaignait le démon : « O le malheureux ! qui n'aime pas ! » Il me sera bien permis de plaindre le premier philosophe qui regarda la tombe en face et dit à l'immortalité : « Tu n'es qu'un mot ! »

Il y avait là un néo-chrétien qui vint au secours du jeune philosophe.

— Dans la théologie chrétienne, dit-il, le démon est le père du mal ; toutes les pensées qu'on peut avoir contre Dieu, il les a, c'est de son cerveau qu'elles se répandent sur le monde. Eh bien, il y a une chose que ce *docteur d'impiété,* comme l'appelle fièrement Luther, n'a jamais faite, qu'il ne fera jamais ; qu'il ne peut pas faire : — le démon ne nie pas l'immortalité. Le néant serait son repos, son bonheur à lui ; mais à ce bonheur-là il ne croit point. L'idée du néant est donc une idée humaine ; ce n'est point un crime, c'est une folie.

On arriva à la doctrine des panthéistes.

— Ceux-ci croient à la nature, à la matière éternelle et inséparable de l'esprit, reprit Horace. Dieu, pour eux, c'est l'océan des choses ; comme saint Paul, ils vivent, ils respirent, ils se meuvent en lui. Les âmes sont des émanations soumises aux évolutions du temps, elles changent, elles se transforment, elle voyagent dans l'infini. Ce qu'elles étaient hier, elles ne le seront plus demain ; car la figure du monde passe, et nous passons avec elle. Le mouvement est la loi de tout ce qui vit. On peut faire à cette doctrine toutes les objections qu'on voudra : mais ce qui se rencontre le moins au fond des rêves du panthéisme, c'est l'idée de l'anéantissement. Loin de là, tout ce qui vit a vécu et revivra ; la destruction n'est qu'une des formes de l'immortalité.

— Les panthéistes se rapprochent beaucoup plus des mystiques chrétiens que des matérialistes. Pour eux, la pensée humaine se montre co-éternelle à Dieu, dont elle n'est d'ailleurs qu'un rayonnement. Vouloir que cette pensée finisse serait le délire de la philosophie ; elle se développe au contraire comme la vie se développe dans l'univers.

— Que les âmes renaissent, c'est un point sur lequel tous les panthéistes tombent d'accord ; mais où et comment renaissent-elles ? Retournent-elles à l'humanité pour s'en détacher de nouveau ? Les hommes qui vivent maintenant à la surface de la terre sont-ils ceux qui vivaient, il y a dix, ou vingt, ou trente siècles? Revivront-ils encore dans dix mille ans? En un mot, la renaissance est-elle limitée à notre globe terrestre?

On mit en avant quelques systèmes modernes.

— Mais, dit Hector en s'efforçant d'être savant pour cinq minutes, de quoi me sert de renaître si, en revenant dans ce monde, je perds l'expérience que j'avais acquise dans mes existences antérieures? J'ai été, dites-vous? que m'importe, si ce que j'ai été autrefois s'est effacé comme la trace d'une hirondelle qui passe sur l'eau? L'humanité se continue, sans doute; les progrès se succèdent et j'hérite du travail de mes devanciers sur ce globe; mais, si la part que j'ai prise à ces conquêtes est rayée du livre de la conscience, je n'ai pas vécu. Cette mémoire des faits accomplis, des existences révolues, je l'acquerrai dans les âges futurs; soit; mais, jusque-là, j'ai le droit de soutenir que la nature a été injuste en m'imposant le fardeau d'une continuité dont elle me refuse le sentiment. Renaître ainsi, ce n'est pas renaître, c'est recommencer la mort. Voilà qui est bien amusant.

— Je ne crois pas que la vie de l'humanité soit bornée aux destinées de notre globe, reprit le jeune philosophe. Ce monde finira (c'est le sort de tout ce qui a eu un commencement d'avoir une fin), et l'humanité sera transportée alors dans une nouvelle planète, où ses facultés s'agrandiront avec le théâtre même de la vie. Nous voilà revenus aux idées de Platon.

— N'est-ce pas, dit mademoiselle Mariani, que les âmes qui disparaissent continuent de filer le fil de la Vierge avec les vivants aimés qui restent après elles sur la terre? La poésie dit oui, et la poésie a raison ; ce serait n'exister plus que de ne plus aimer. Or l'amour est actif, mon confesseur me l'a dit : dès qu'il est, il faut de toute nécessité qu'il se manifeste. N'accusez point l'imagination d'avoir créé des fantômes. L'imagination est la folle de la réalité. Ce qu'elle voit dans les nuages, le philosophe le voit avec plus de certitude dans le miroir du raisonnement. Gardons-nous surtout de mépriser les ombres que l'éternité projette à la surface des temps. Vous connaissez l'histoire des mirages : les premiers marins qui crurent voir des montagnes de glace au sein des mers du pôle arctique furent traités de visionnaires ; ils avaient pris, en effet, l'ombre des montagnes pour les montagnes elles-mêmes; mais ce n'était, après tout, qu'une simple transformation des faits : les montagnes étaient plus loin. Il en est de même des phénomènes de la vie future. Nos sens peuvent se tromper, mais notre sentiment ne nous égare pas. Les légendes dont s'est bercée notre enfance ne sont que des réfractions de la vérité. Si les morts ne reviennent pas, leur pensée revient sur la terre.

Tout le monde applaudit. C'était le sentiment qui

avait raison sur la raison. Si le premier mot de la philosophie est un battement de cœur, le dernier est une aspiration de l'âme.

— Où avez-vous appris tout cela? demanda le philosophe à la jeune fille, c'est la première fois que j'entends si bien parler dans un salon.

— Mon père savait tout, répondit-elle. Il m'a beaucoup dit quand il vivait. Depuis qu'il est mort, il m'apprend encore bien des choses. Je sens que son âme ne m'a pas quittée.

Et pour n'avoir pas l'air d'une femme savante, mademoiselle Mariani se mit au piano et joua des airs vénitiens.

J'ai rapporté les lambeaux de cette conversation pour montrer une fois de plus le caractère étrange de Luciana.

La soirée fut ensuite comme toutes les soirées. On chanta sous prétexte qu'on ne causait plus. On prit du thé pour tromper sa faim, et on s'en alla sans savoir pourquoi on était venu.

— Comme mademoiselle Mariani parle bien ! disait le philosophe dans l'escalier.

— Comme elle chante bien ! disait Horace d'un air dégagé. Ces oiseaux d'Italie ont un plumage et un ramage qui me feraient naturaliste italien, s'il y avait encore une patrie dans le pays du soleil.

— Tu aimes mademoiselle Mariani, dis-je à Horace quand nous fûmes seuls.

— Crois-tu? me demanda-t-il.

— Prends-y garde, cette passion-là aura un lendemain terrible si tu veux la prendre en riant. Que fais-tu d'Olympe?

— Olympe! c'est du plus loin qu'il m'en souvienne. Il y a quatre jours que je ne l'ai vue.

— J'espère au moins que tu ne confonds pas mademoiselle Mariani avec mademoiselle Olympe?

— Oh! Dieu m'en garde. Mais tu connais mon système : il y a deux hommes dans l'homme : le bon et le mauvais. Je donne le bon à mademoiselle Mariani ; je laisse le mauvais à Olympe.

— Eh bien, je te conseille de ne pas te scinder plus longtemps; car aujourd'hui il y a deux hommes en toi, mais bientôt il n'y en aura plus que la moitié d'un si tu continues à vivre aux quatre points cardinaux.

XXVII

DE M. THÉMISTOCLE, ACADÉMICIEN GREC

Horace suivit mon conseil, ou plutôt il suivit le conseil de son cœur. Il rouvrit quelques bons livres, refusa de revoir Olympe et passa le meilleur de son temps auprès de Luciana.

Mais un soir, — tant il est vrai que l'amour n'aime pas le bonheur, — Horace s'ennuya de jouer du piano à quatre mains et quitta mademoiselle Mariani avant l'heure.

Elle était triste, mais il passa outre.

Il remonta le boulevard jusqu'à Tortoni, en s'indignant contre les mauvais cigares.

Devant Tortoni, il rencontra Hector.

— Quoi ! tu n'es pas couché, mon cher Horace ? Dis-moi, est-ce que tu t'es converti ? Est-ce que tu lis les in-folio ? Est-ce que tu te creuses ta fosse ? Nous avons prononcé hier ton oraison funèbre.

— Où vas-tu ?

— Chez la Tarpéienne. Moi, je ne perds pas les bonnes habitudes. On m'a prêté aujourd'hui vingt-cinq louis que je veux risquer au lansquenet. Et puis, on doit nous servir, à souper, une Persane égarée à Paris, qui ne sait pas un mot de français. Ce sera amusant d'apprendre le persan. Viens donc avec moi ; nous la traduirons en français.

— Oui, j'irai, dit Horace d'un air distrait.

Horace se promettait tous les matins de ne plus retourner le soir chez la Roche-Tarpéienne; mais quand sonnaient onze heures, il avait beau faire, il y montait malgré lui, entraîné par le jeu, le désœuvrement, la curiosité surtout. Il y avait en lui de l'Enfant prodigue, mais il y avait aussi du philosophe. Il n'allait guère au théâtre, parce que pour lui tout était spectacle, parce que pour lui la comédie en action était meilleure que la comédie écrite.

Les deux salons de la Roche-Tarpéienne, tout petits qu'ils fussent, renfermaient les plus belles scènes dramatiques, depuis les plus gaies jusqu'aux plus lamentables. On riait toujours; mais combien qui cachaient leur désespoir sous leurs rires forcés! Il y avait le désespoir du jeu et le désespoir de l'amour, si on peut profaner ce beau mot pour ces passions d'une heure ou d'un jour, quelquefois durables pourtant, pareilles à ces plantes semées par l'orage qui poussent sur les rochers comme en dehors de la nature.

La maîtresse de la maison avait l'art de choisir son monde. Elle ne demandait pas précisément à voir les passe-ports ni les actes de naissance, mais elle recherchait l'aristocratie de la figure; si bien qu'en entrant dans ses salons on pouvait se croire dans la meilleure compagnie parisienne, surtout quand les femmes ne dominaient pas, ou avant que le thé au rhum, dont on avait fait à l'usage de la maison un seul mot latinisé, n'eût mis un peu de gaieté dans ces têtes de vingt ans.

Pour la conversation, ce n'était pas le salon des précieuses ridicules ni l'Académie française. Mais Horace et Hector disaient que c'était là seulement que l'esprit avait ses coudées franches. On osait tout dire; n'est-ce pas dans la hardiesse du mot qu'est souvent l'esprit gaulois? La timidité du langage n'enfante que l'esprit français.

Nous sommes en trop bonne compagnie pour que j'essaye de reproduire toutes les impertinences, tous les quolibets, tous les concetti qui se débitaient chez la Roche-Tarpéienne. Il ne faut offenser ni la morale ni la langue ; mais Horace, qui n'avait pas ce souci-là, aimait à perdre, toutes les nuits, deux ou trois heures dans ce monde invraisemblable, qu'il dominait toujours par sa belle tête, par son dédain et par son esprit. On aime toujours les royautés, quelles qu'elles soient. Le plus souvent, il ne jouait pas. Il fumait et jetait un mot railleur sur la table de jeu ou une impertinence parmi les dames. Les mauvais joueurs le craignaient, parce qu'il jouait juste et qu'il n'avait peur de rien.

Le soir qui devait être illustré par une Persane, il tailla un lansquenet entre onze heures et minuit.

— Messieurs, dit madame de la Roche, je vous présente M. Thémistocle, le huitième sage de la Grèce.

La galerie changeait souvent de masques ; chaque jour amenait une nouvelle figure.

M. Thémistocle fut un des plus beaux joueurs de la soirée.

— Vous n'y allez pas de main morte, lui dit tout à coup un jeune musicien qui perdait déjà l'argent de son prochain concert.

M. Thémistocle ne répondit pas et tendit la main.

— Je voudrais bien, dit Horace, que la Grèce fût rayée de la carte de géographie.

— Osez-vous bien dire cela? dit le Grec. Lord Byron ne partageait pas cette opinion. Supprimer la Grèce, le pays d'où sont sortis tous les sages, tous les poëtes, tous les philosophes!

— Voilà pourquoi, s'écria vivement Hector, on n'y en trouve plus aujourd'hui.

— Vous jugez légèrement les gens de notre pays, dit M. Thémistocle.

— Allons, allons, dit la Roche-Tarpéienne, vous avez eu sept sages, c'est convenu ; mais laissons là leurs cheveux blancs.

Horace, qui perdait, mumurait entre ses dents :

— Toujours est-il que c'est un pays bien dégénéré, car aujourd'hui on n'est plus Grec de nation, on est grec de profession.

M. Thémistocle jeta ses cartes au nez d'Horace.

— Je vous connais, dit Horace en le souffletant du bout de son gant sans daigner s'émouvoir, vous ne me jetterez pas mon argent. Bien mieux, vous me jetez vos cartes, mais vous ne me jetterez pas votre carte.

— Si vous dites un mot de plus, dit l'habitant du Péloponèse, je me porterai à quelque extrémité fâcheuse.

— C'est cela, dit une dame qui le connaissait, voilà une bonne occasion de rendre le soufflet que vous avez reçu hier.

— Vous verrez, dit Hector, qu'il ne rendra rien du tout.

Le Grec se leva, prit son chapeau et sortit.

Mais, comme on riait de cette souplesse sans égale, il rouvrit la porte, et, se tournant vers Horace :

— Je ne fuis pas, dit-il avec l'air arrogant d'un

homme qui a peur. Je suis attendu par une dame de de vos amies, mademoiselle Olympe.

M. Thémistocle avait refermé la porte et s'était élancé dans l'escalier.

Horace, qui retournait les cartes, ne daigna pas lever la tête.

— La belle occasion ! dit une joueuse : s'il est attendu par mademoiselle Olympe, c'est qu'il a gagné au jeu.

Horace masqua sa colère. Il n'aimait plus Olympe; mais il l'avait montrée à son bras, et il était humilié de la voir descendre jusqu'à M. Thémistocle.

— C'est trop vivre dans le bourbier ! pensa-t-il en s'indignant de lui-même.

Il se leva pour s'en aller, décidé à ne plus jamais revenir ; mais, comme il allait sortir, la Roche-Tarpéienne lui prit le bras et le conduisit de force devant une jeune Persane fort jolie qu'un attaché d'ambassade venait d'amener.

— N'est-ce pas qu'elle est belle ? on dirait qu'elle descend d'un paravent.

Horace oublia sa colère ; il engagea une conversation à perte de vue avec cette voyageuse intrépide. Il parlait en français, elle répondait en persan, et ils se comprenaient le mieux du monde.

Quand Hector rentra chez sa mère cette nuit-là, il réveilla mademoiselle Éléonore et lui demanda du thé.

Mademoiselle Éléonore chapitra vertement M. Hector.

— Comment un homme bien élevé peut-il se perpétuer dans de pareilles folies? Jouer au lansquenet avec des femmes sans principes, souper à la table des drôlesses, jeter son argent par de pareilles fenêtres!

En un mot, tout un sermon en beau style d'antichambre.

Pendant plus d'une heure, mademoiselle Éléonore fit de la morale à M. Hector.

— Et M. Horace? lui demanda-t-elle ; je suis bien sûre qu'il était des vôtres.

— Horace, dit Hector en riant à belles dents, il enseigne le français à une Persane.

XXVIII

LE RÉVEIL

C'était un samedi. Le dimanche, Luciana, en s'éveillant, sonna sa femme de chambre.

— Éléonore, je vais à la Madeleine pour la messe de huit heures; dépêchez-vous de m'habiller et de vous habiller pour venir avec moi.

— Mais madame m'appelle de son côté.

— Je vous prie de crier plus doucement.

— On ne peut pas servir deux maîtresses à la fois; il n'y a que les hommes qui soient capables de cela.

Luciana pâlit. Elle avait été illuminée de ces paroles, dites méchamment, comme d'une infernale lumière.

— Que voulez-vous dire?

— Je veux dire que je ne dirai rien.

Et Éléonore se hâta de raconter qu'Horace avait passé la nuit à donner des leçons de français à une Persane.

— Qui vous a conté cela?

— M. Hector, qui riait comme un fou de cette aventure.

Luciana, déjà si souvent atteinte, se sentit frappée mortellement.

Le nom de son père lui vint sur les lèvres. Elle passa dans le salon et tomba agenouillée devant le portrait.

Elle pria en dévorant ses larmes.

— O mon père! dit-elle, pardonnez-moi ce que je vais faire.

Elle alla embrasser sa mère.

Madame Mariani, qui dormait encore à moitié, ne remarqua pas que sa fille l'embrassait avec plus d'effusion que de coutume.

Luciana partit pour la messe de huit heures.

Comme elle arrivait devant la Madeleine, elle vit passer devant elle mademoiselle Olympe, qui s'en allait, bras dessus, bras dessous, avec son amant, prendre le chemin de fer de Saint-Germain.

Son amant, ce jour-là, ce n'était pas Horace.

— Ce n'est pas Horace, mais qu'importe! dit Luciana; il y a tant d'Olympes à Paris !

Et, songeant à la gaieté matinale d'Olympe :

— C'est une fille perdue, et pourtant elle semble heureuse.

Et, sans le vouloir, mademoiselle Mariani pensa que peut-être il y avait un refuge pour elle dans ce monde condamné qu'elle avait entrevu au bal de l'Opéra.

— Dieu soit loué! dit-elle en ouvrant la porte de l'église; moi, je ne me consolerai pas de l'amour par les amours.

Après la messe de huit heures, elle dit à Éléonore de retourner à la maison.

— Vous direz à maman que j'attends Hélène et que nous irons déjeuner à onze heures.

Luciana resta à la messe de neuf heures.

Puis à la grand'messe.

— O mon Dieu! dit-elle en s'en allant, après avoir mouillé d'eau bénite son front et son sein; je laisse ici, dans cette église, mon cœur et mon rêve. Maintenant, je vais me venger.

XXIX

LE STYLET CIRCASSIEN

— C'est étonnant! dit Hector, qui par hasard ce jour-là mettait un peu d'ordre dans sa chambre; je ne retrouve pas ce joli stylet circassien que j'ai rapporté de Crimée.

Il alla embrasser sa mère.

— Maman, tu n'as pas vu mon stylet?

— Tu me fais peur avec ton stylet.

— Quand déjeunons-nous?

— A midi. Hélène doit venir.

— Horace aussi. Qu'est-ce qu'il y a de bon à mettre sous des dents si aiguës?

— Un poulet, un perdreau, une caille, je ne sais pas...

— Cela finit en queue de poisson ; il n'y manque guère qu'une mauviette.

La femme de chambre venait d'entrer.

— Éléonore, je ne retrouve pas mon stylet !

— Mademoiselle jouait ce matin avec toutes vos armes.

— Luciana ! dit madame Mariani ; qu'est-ce que cela veut dire?

On sonna à la porte.

— La voilà !

C'était Horace.

— Mais il est midi, reprit madame Mariani ; d'où vient que Luciana n'est pas revenue de la messe? Hector, va au-devant de ta sœur !

— Ah ! mon Dieu ! s'écria Éléonore, il me vient une idée horrible !

La femme de chambre tomba presque évanouie sur un fauteuil. Il fallut lui faire respirer des sels.

— Ce n'est rien, dit-elle en essayant de sourire. C'est que j'ai lu ce matin la *Gazette des Tribunaux*.

Hector et Horace allèrent à la Madeleine, Hector en fumant un cigare, Horace à moitié fou, tout en cachant son émotion.

Ils ne trouvèrent ni Luciana ni Hélène.

Ils retournèrent vers madame Mariani, Hector surpris, Horace désolé.

— Tu sais, maman, dit Hector en se mettant à table, Luciana sera allée chez Hélène, voir ses étoffes de Smyrne. Et puis, j'ai surpris un secret : mademoiselle de Vermonsey va se marier.

— Eh bien, dit madame Mariani, qu'on aille tout de suite chez Hélène.

Le valet de pied partit au même instant.

Quand il revint, Hector avait déjeuné, sa mère avait pris du café, Horace avait rompu son pain, mais n'avait pas mangé.

— Eh bien?

— Mademoiselle Luciana a quitté mademoiselle Hélène depuis longtemps. Mademoiselle Hélène m'a dit qu'elle était inquiète de sa pâleur.

Un triste silence suivit ces simples paroles.

Horace prit son chapeau et sortit en disant qu'il allait revenir.

Madame Mariani éclata bientôt en cris et en larmes.

— Après tout, dit Hector, il n'y a pas de quoi te désoler ainsi; Luciana est assez grande pour revenir toute seule. Elle aura rencontré une autre de ses amies. Ne lui est-il donc jamais arrivé d'être en retard?

On rappela Éléonore.

— Que savez-vous?

— Rien. Mademoiselle était arrivée tard à la messe de huit heures, elle a voulu rester à la messe de neuf heures; voilà tout.

— Dieu veillera sur elle, dit madame Mariani.

Horace était allé chez lui, comme s'il dût y trouver Luciana ou une lettre de Luciana.

Luciana n'était pas venue, Luciana n'avait pas écrit.

Il n'osa retourner chez madame Mariani ; il revint à la Madeleine et y passa l'heure des vêpres, croyant toujours voir apparaître cette adorable figure qu'il allait aimer plus que lui-même.

Hector le surprit priant Dieu pour la première fois sans doute depuis longtemps.

— C'est toi ! Tu n'as pas vu Luciana ?

— Non, je suis venu ici croyant vous y trouver tous deux.

— Est-ce étrange, cette disparition ? Je commence à être inquiet. Ma pauvre mère est à moitié folle.

Horace rentra chez lui, espérant y voir venir Luciana. Il se frappait le cœur en se disant : C'est ma faute ! c'est ma faute ! c'est ma faute ! A chaque instant il ouvrait sa fenêtre et regardait les passants. Il allait à l'escalier, écoutant avec angoisses. Il voulait écrire ; il jurait à Dieu d'aimer Luciana avec religion...

Mais Luciana ne venait pas.

Il relut les lettres qu'elle lui avait écrites. Il fut frappé de ces passages :

« Je suis jalouse ! — Jalouse, sais-tu ce que c'est ?
« Sais-tu qu'avec cela la vie est impossible et qu'il
« faut se tuer, oui, se tuer... ou tuer ?

« Je la hais, cette femme que je ne connais pas !
« Je voudrais la presser si fort contre moi que
« je la tuerais sous les battements de mon cœur
« pour toi.

« Je la jetterais dans un tombeau, un tombeau
« profond dont mes jalousies riveraient le cou-
« vercle !

« Et je m'en irais avec toi aimer sous un autre ciel
« qui n'aurait jamais éclairé tes amours passés. »

Et plus loin, dans une autre lettre :

« Je voulais acheter le bonheur. Pour que Dieu me
« le pardonnât, je voulais souffrir ; pour être consolée,
« je voulais vous aimer jusqu'à en perdre la raison.
« Mais vous, qu'avez-vous aimé en moi ? Au moment
« de posséder mon cœur pour l'éternité, vous avez
« réclamé la femme. »

Et enfin, dans une lettre de l'avant-veille :

« Vous me dites que vous m'aimez, et je me sens
« toute seule. C'est que vous n'aimez pas du même
« amour : vous êtes le ciel de Paris tout couronné de
« nuages, et moi je suis le ciel de Venise qui ne voit
« que le soleil. Vous n'êtes pas à moi quand vous êtes
« près de moi. Je suis à mille lieues de vous quand
« vous m'embrassez. Pour vous, les fantômes du passé

« vivent plus que moi-même. Horace, Horace, vous
« m'avez mise dans l'enfer. Je souffre mille morts,
« je veux vivre, et j'aime mon enfer. Mon crime
« sera ma pénitence, Dieu me pardonnera d'avoir
« traversé des joies si douloureuses. Dieu! j'ai osé
« écrire ce mot! Dieu! je l'aimais et je ne le connais
« plus. Vous m'avez tout pris, Horace, tout, même le
« ciel.

« Eh bien, si Dieu m'ouvrait la porte pour sortir
« de cet enfer où vous m'avez jetée, Horace, je m'at-
« tacherais là où je suis, et je ne sortirais pas même
« de l'enfer pour le paradis retrouvé. »

— Pauvre Luciana! comme elle m'aimait! dit Horace en baisant cette dernière lettre, que l'avant-veille il n'avait pas voulu lire.

Il sortit pour aller chez madame Mariani, en disant à son valet de chambre de lui porter ses lettres rue de Sèze.

Madame Mariani se jeta dans ses bras.

— Dites-moi, Horace, ma fille vous aimait?

— Non, dit Horace en masquant son émotion; si elle m'eût aimé, elle serait là entre vous et moi.

XXX

LE MARIAGE D'HÉLÈNE

Quand mademoiselle Mariani eut dépassé le péristyle de la Madeleine, elle s'arrêta un moment comme pour se demander où elle allait.

Elle s'avança sur le boulevard jusqu'à la rue de la Ferme-des-Mathurins.

— Non, dit-elle en portant la main à son cœur, c'est impossible.

Elle revint sur ses pas, suivit la rue Royale, passa le pont de la Concorde et marcha rapidement jusqu'à la rue Saint-Dominique.

Elle allait chez mademoiselle Hélène de Vermonsey.

— Comme cela se trouve! dit un valet de chambre sous la porte cochère de l'hôtel; j'allais porter une lettre à madame votre mère.

Hélène, qui sortait aussi de la messe et qui montait l'escalier, redescendit pour embrasser plus vite Luciana.

— Oh! que je suis heureuse de te voir, ma chère Luciana! Tu ne sais pas ce qui m'arrive? je me marie!

— Toi!

Mademoiselle Mariani prononça ce mot avec un sentiment inexprimable de tristesse.

Mais, se reprenant aussitôt, elle prit un sourire joyeux, un sourire de fête et embrassa son amie.

— Tu épouses ton cousin Raoul?

— Oh! mon Dieu, oui; comme si cela se passait dans un vaudeville. C'est absurde, aujourd'hui, d'épouser son cousin; mais, que veux-tu? je l'aime comme si ce n'était pas mon cousin.

Hélène avait entraîné Luciana dans sa chambre.

— Oh! mais c'est tout un jardin que cette chambre! dit mademoiselle Mariani en respirant la tiède odeur des roses de printemps.

— Oui, une jardinière à chaque fenêtre.

Mademoiselle Mariani se rappela, avec un serrement de cœur, les lilas blancs qu'Horace avait envoyés à sa mère pendant tout le mois de janvier.

— Comment ne m'as-tu pas dit plus tôt cette bonne nouvelle?

— Parce qu'on l'avait dite à tout le monde, excepté à moi.

Et Hélène se mit à rire comme une folle, de ce beau rire naïf des filles d'Ève qui n'ont pas encore mangé les pommes amères.

— Maman savait bien que j'aimais Raoul; Raoul le savait encore mieux que maman; mais moi, je ne le savais pas du tout. Enfin, avant-hier, Raoul est venu en grande cérémonie demander cette petite main plus ou moins blanche que voilà. Et puis, le soir, un notaire, cravate blanche, habit noir, un vrai notaire de théâtre, est apparu comme s'il sortait d'une trappe. Ah! ma chère, le beau style! J'en suis encore tout attristée. Mais enfin, avant d'aller plus loin, il fallait qu'on mît d'accord la terre de Vermonsey avec celle d'Arcy. Dans trois semaines, je serai madame la marquise d'Arcy. Raoul, qui n'y va pas de main morte, voulait acheter des dispenses pour se marier dans huit jours, mais je n'ai pas voulu. Cela m'amuse de le faire attendre.

Et Hélène devint sérieuse.

— Qui sait? cela m'amuse peut-être encore plus moi-même d'attendre.

— Non, non, n'attends pas, marie-toi tout de suite, murmura mademoiselle Mariani d'une voix coupée, sans bien savoir ce qu'elle disait.

— Tu es folle. Moi, j'aime mieux la veille de la fête que le lendemain. Le bonheur, vois-tu, ne se conjugue jamais au présent, mais au futur.

— Au futur, dit Luciana en respirant avec peine; tu te trompes. Le bonheur se conjugue au passé. Le bonheur s'appelle *hier*, et non *demain*.

— Songe que, pendant ces trois semaines, je vais aller de surprises en surprises. Je ne parle pas de la corbeille de mariage, où il m'a promis de mettre un peu de tout ce qui brille sur la terre; je crois même qu'il détachera pour moi trois ou quatre étoiles au ciel, si M. Babinet ne s'y oppose pas; mais ce qui m'amuse, c'est que je l'ai condamné à m'écrire deux fois par jour des lettres de quatre pages. S'il n'est pas là à cette heure, c'est qu'il m'écrit. Hier, il m'ennuyait; je lui ai dit : Dépêchez-vous d'aller m'écrire.

Mademoiselle Mariani prit les deux mains d'Hélène, la baisa sur le front et lui dit avec un sourire mélancolique :

— Ah! que tu es heureuse! Tu n'aimes pas!

XXXI

LA PORTE DE L'ENFER

Durant toute une heure encore, les deux jeunes filles demeurèrent ensemble, babillant de ceci et de cela, suivant jusqu'à perte de vue tous les méandres de la conversation.

— Mais toi, n'es-tu pas heureuse? dit tout à coup Hélène en regardant Luciana.

Mademoiselle Mariani prit son sourire des plus beaux jours.

— Heureuse! mais je suis très-heureuse! N'ai-je pas comme toi des jardinières pleines de roses? N'ai-je pas comme toi une mère qui m'aime et qui veille ? N'ai-je pas comme toi une armoire en bois de rose qui me dit que je suis belle chaque fois que je l'interroge ? N'ai-je pas comme toi....

Mademoiselle Mariani regarda le chaste lit blanc d'Hélène, qui semblait tout habillé de fil de la Vierge.

— Oh! je suis très-heureuse, ma chère Hélène.

Luciana se détourna pour cacher ses larmes.

— Adieu, dit-elle aussitôt, comme si son désespoir ne pût vivre plus longtemps dans cette atmosphère de vertu et de bonheur.

— Tu me quittes déjà ? quand reviendras-tu me voir ?

— Jamais! pensa Luciana.

Mais elle se hâta de dire tout haut :

— C'est à toi de venir me voir. Je te donne rendez-vous mardi à midi, à l'église de la Madeleine.

— Mardi ? Qu'est-ce que tu vas faire mardi à midi à la Madeleine ? Est-ce que tu te maries aussi ?

Mademoiselle Mariani regarda Hélène avec l'œil d'un combattant qui vient de recevoir une blessure dans sa blessure déjà mortelle.

— Oui, je me marie ; tu recevras pour mardi une lettre de faire part. Adieu.

— Toujours un peu folle, dit Hélène en embrassant Luciana.

Et quand mademoiselle Mariani se fut éloignée :

— Pauvre Luciana ! Elle me cache son cœur, elle

qui m'a toujours tout dit. Ah! je suis bien sûre qu'elle aime Horace, pour son malheur! Comment a-t-elle pu l'aimer? — Chut! poursuivit-elle; car cet hiver j'avais moi-même peur d'aimer Horace.

Cependant mademoiselle Mariani s'en était revenue vers la Madeleine par le même chemin. Un instant elle oublia sa vengeance et pensa à retourner chez sa mère.

— Non, dit-elle, c'est fini...

Elle était tout à la fois dans la rue de Sèze et dans la rue de la Ferme-des-Mathurins. Elle fit de la main un signe d'adieu aux fenêtres de sa mère. Elle ne se sentait pas le courage d'aller plus loin ; mais elle se rappela les trahisons d'Horace, et elle marcha d'un pas rapide.

Où allait-elle?

— Madame de la Roche? demanda-t-elle au concierge de la maison du lansquenet.

Elle venait de s'armer de tout son courage.

— Madame la comtesse arrive de la messe de une heure. Vous la trouverez dans son salon.

Il n'y avait pas une femme à Paris qui fût plus respectée, — chez son concierge, — que madame de la Roche.

Mademoiselle Mariani monta les deux étages et sonna d'une main ferme, refoulant en elle toute pudeur. Son sang vénitien lui battait les tempes et l'entraînait à toutes les colères.

Un grand laquais très-galonné la conduisit au salon.

— Madame, dit-elle sans s'incliner (voulant rester fière jusque dans ses défaillances), madame, je suis de Venise. On m'a dit que les étrangères trouvaient ici l'hospitalité...

La Roche-Tarpéienne s'était levée avec respect devant le grand air et la beauté éblouissante de Luciana.

— Madame, je ne comprends pas bien ce que vous voulez dire; ce n'est pas ici un hôtel garni : le soir, je reçois quelques dames et quelques jeunes gens, comme dans les meilleures maisons...

— Eh bien, madame, je viens solliciter l'honneur d'être reçue chez vous.

La Roche-Tarpéienne avait déjà jugé que la nouvelle venue avait, par sa beauté, droit de cité chez elle; mais elle parlementa jusqu'au bout, ne voulant pas trop fléchir sous la fierté impérieuse de Luciana.

— Mais, madame, dit-elle à la jeune fille, on n'est pas reçue ici sans avoir été présentée.

— Comme à la cour! Et quelles sont les dames d'honneur qui présentent les autres?

La Roche-Tarpéienne comprit qu'elle ne pourrait pas lutter.

— Le plus souvent ce sont les hommes qui présentent les femmes; mais, après cela, devant une figure comme la vôtre, toutes les portes s'ouvrent à deux battants.

— Vous êtes bien bonne, madame.

Luciana laissa tomber ces mots du haut de sa dignité, car elle ne pouvait pas encore se résoudre à se mettre au diapason du rôle qu'elle voulait jouer.

— Mais, enfin, madame, reprit la Roche-Tarpéienne après avoir approché un fauteuil de mademoiselle Mariani, dites-moi qui vous a donné l'idée d'être reçue ici.

— Des jeunes gens qui m'ont beaucoup parlé de la belle compagnie que vous présidez. Je veux leur faire une surprise : ce soir ils me trouveront ici et n'en croiront pas leurs yeux. Seulement, ma toilette est un peu bien sévère ; mais j'enverrai chez ma couturière, qui a dû me faire une robe de bal.

— La beauté, madame, est toujours bien habillée ; mais vous avez raison, une robe de bal est plus galante.

A cet instant, la maîtresse de la maison, voyant pâlir Luciana, s'élança devant elle son flacon à la main.

— Ce n'est rien, dit la jeune fille en respirant les sels ; il me semble qu'on manque d'air ici.

La Roche-Tarpéienne courut ouvrir la fenêtre.

— C'est bien ; je vous remercie.

— Venez à la fenêtre, madame, l'air est très-doux.

— Oh! non, dit Luciana.

Elle avait consenti à se montrer dans les salons du lansquenet, mais non pas à s'afficher à la fenêtre.

— Pouvez-vous me faire la grâce, madame, de me garder jusqu'au soir et de me donner une chambre pour m'habiller quand viendra ma robe?

— Comment donc, madame, vous êtes ici chez vous.

La Roche-Tarpéienne sonna.

— Léontine, faites du feu dans mon boudoir, et prenez tous les ordres que vous donnera madame. Votre nom, madame?

Luciana sembla chercher avant de répondre.

— Mademoiselle Lucrèce.

— Un beau nom; mais M. Ponsard ne ferait pas une tragédie avec vous.

— Qui sait? dit la jeune fille.

XXXII

LA FEMME DÉCHUE

Mademoiselle Mariani passa dans le boudoir de la Roche-Tarpéienne et écrivit trois lettres : une à Horace, une à sa mère, et une à sa couturière pour avoir une robe de bal.

Elle envoya du même coup la lettre à Horace et la lettre à sa couturière. Elle garda la troisième.

A peine eut-elle achevé d'écrire, que la maîtresse de la maison lui demanda la grâce de lui présenter une jeune dame, qui cherchait une amie.

— Non, répondit Luciana, ce n'est pas la peine.

Mais la jeune dame était entrée sur les pas de la Roche-Tarpéienne.

Elle était si jolie, elle s'inclina avec une grâce si pudique, elle semblait si douce et même si candide, que Luciana, par habitude du monde, ne put s'empêcher de la saluer d'un signe de tête.

— Vous permettez? dit la jeune dame en s'asseyant.

— Vous vous comprendrez toutes les deux : je vois cela du premier coup, dit la Roche-Tarpéienne. Pour moi, je vais faire une visite ; je vous retrouverai dans une heure. Il est bien entendu que vous dînez avec moi. Je vous donnerai des boudins truffés jusqu'à la gueule et des cailles aux confitures de Bar.

— Je ne dînerai pas, se hâta de dire mademoiselle Mariani.

— Ni moi non plus, dit la jeune dame.

— C'est bien, vous vous mettrez à table pour me voir manger.

— Enfin, nous voilà seules ! dit la nouvelle venue. Figurez-vous, madame, que j'ai quitté mon mari ce matin. Je n'ai pas un sou ; je suis très-coupable, car j'ai un amant. Mon mari m'a battue, c'était son droit, et, pour couronner l'œuvre, mon amant m'a refusé sa porte, en me disant que, si l'on me prenait chez lui, il serait condamné à six mois de prison : voilà le dernier mot très-poétique de mon roman, — six mois de prison !

14.

— Mais, madame, dit Luciana en voyant pleurer celle qui se confessait ainsi, pourquoi ne retournez-vous pas chez votre mari?

— Parce qu'il ne m'aime plus.

— S'il vous a aimée, il finira par vous aimer encore.

— Non, madame. Il a pris une maîtresse. Le malheur a pour jamais dévasté la maison. Je n'ai plus qu'à mourir — ou à vivre en oubliant que j'existe.

Un silence suivit ces paroles.

— Et moi qui croyais, dit Luciana, qu'on ne faisait que rire ici. On voit bien que c'est la porte de l'enfer : on n'y entre qu'en pleurant.

— J'y suis venue, conduite par ma lingère, à qui je dois beaucoup, car je n'ai jamais compté. Ce matin, je pensais à me jeter au fond d'un couvent; mais cette femme m'a dit qu'elle voulait me sauver du désespoir. Il paraît que madame de la Roche prête de l'argent. On joue beau jeu ici. A Spa, l'an passé, j'ai gagné trois mille francs; je veux encore tenter la fortune. Et puis, vous le dirai-je? je suis curieuse...

Une nouvelle venue entra sans se faire annoncer. Luciana se leva avec un sentiment de dignité outragée. Mais elle se contint. — Non, dit-elle, je viens ici en expiation. Je veux souffrir toutes les humiliations sans sourciller.

Je ne veux pas peindre toutes les physionomies

bruyantes ou amoureuses qui animaient cet intérieur un peu étouffé et un peu sombre, où il était impossible de respirer une bouffée d'air vif et d'avoir, même quand le soleil rayonnait au ciel du plus vif éclat, un jour lumineux. Le plafond vous tombait sur les épaules, les tentures masquaient les fenêtres, tout était tapissé, ouaté, capitonné. Le feu ne flambait jamais gaiement, tant il avait de peine à respirer et à rejeter ses flammes. Si la folle compagnie qui s'y renouvelait sans cesse n'eût apporté ses beaux éclats de rire et sa prodigue jeunesse, on n'aurait pu y vivre une heure sans défaillance.

Mademoiselle Mariani se disait à chaque instant que le cœur allait lui manquer; mais, toute à son héroïque résolution, elle voulait aller jusqu'au bout du sacrifice.

XXXIII

LE FESTIN DE LA ROCHE-TARPÉIENNE

Vint l'heure du dîner. La Roche-Tarpéienne dit à mademoiselle Mariani qu'elle la condamnait à se mettre à table. — Puisque vous m'y condamnez, j'obéis, dit Luciana.

Elle ne mangea pas. Pourtant, au dessert, sans y penser peut-être, elle prit une mandarine dans une coupe de Sèvres, l'écornifla sous ses jolis doigts et la mangea lentement.

On était encore à table quand tout un tourbillon de dames légères, qui revenaient de se promener aux Champs-Élysées, entrèrent sans dire gare.

— Eh bien, dit la Roche-Tarpéienne, depuis quand entre-t-on chez moi comme dans un café? Il n'y avait personne pour vous annoncer, mesdames?

— Vous ne savez donc pas, ma chère madame de la Roche, que c'est passé de mode d'annoncer les gens? Cela ne se fait plus que dans la bourgeoisie.

Les plus folles conversations coururent sur la nappe. La table avait été assiégée, prise d'assaut et mise au pillage. Chacune de ces dames avait fait main basse sur les petits-fours, les mandarines, les marrons glacés et les pommes d'api. C'était un curieux spectacle que de les voir toutes donner leur petit coup de dent aux miettes de ce festin de hasard.

Tout offusquée qu'elle fût par cette invasion inattendue, Luciana ne put s'empêcher de sourire. Elle se cachait à moitié dans son éventail, ne pouvant fouler aux pieds toute pudeur. Elle se demandait, en voyant toutes ces gaietés, voiles dehors, s'il était possible qu'on pût si aisément oublier sa dignité de femme, et qu'on pût rire de bon cœur en descendant ces sombres spirales de l'enfer parisien.

Dix minutes après, tout le monde était parti. Ces dames allaient dîner, qui au café Anglais, qui aux Frères-Provençaux, qui avec son amoureux, qui avec son perroquet. Elles avaient promis de revenir de bonne heure, tout en lorgnant du coin de l'œil mademoiselle Mariani.

Le chevalier des Quatre-Empereurs, qui, tous les dimanches, dînait dehors, rentra alors en se plaignant d'un violent mal de tête. Luciana quitta la table et se retira dans le boudoir, disant qu'elle allait s'habiller pour la soirée. On lui avait apporté une robe et une coiffure. La Roche-Tarpéienne roula devant elle une de ces toilettes Pompadour qui étaient si jolies avant de devenir communes.

Luciana, qui avait toujours éprouvé je ne sais quel vif sentiment de coquetterie en se peignant et en s'habillant, n'avait pas la force de lever les mains.

— Est-ce bien moi? se disait-elle en se voyant pâle et sombre dans ce miroir qui n'avait montré que des visages riants.

Comme elle était à moitié nue, elle prit dans sa poche le stylet circassien et en appuya la pointe sur son sein.

Ce beau sein que nul n'avait vu, pas même Horace.

— C'est là, dit-elle en écoutant battre son cœur. Je sens que je frapperai juste.

La femme de chambre entr'ouvrit la porte. Luciana cacha le stylet.

— Madame fait demander à mademoiselle si elle veut un bouquet.

— Un bouquet! dit Luciana avec une raillerie amère; pourquoi pas? Oui, je veux un bouquet.

Et elle se dit à elle-même, avec le sourire le plus triste : — Ce sera mon bouquet de fiançailles : la mort aime les roses.

XXXIV

LA VÉNITIENNE APRÈS LA PERSANE

Horace avait refusé de dîner rue de Sèze, en compagnie d'Hector, car madame Mariani ne devait pas se lever. Il dîna seul chez lui. Il ne resta pas dix minutes à table. Après dîner, il retourna encore une fois chez madame Mariani.

Il retrouva la pauvre femme couchée; muette, immobile, à moitié morte.

Hector ne trouvait plus de bonnes raisons à donner à sa mère. Il avait couru chez tous leurs amis pour trouver Luciana.

Madame Mariani se souleva sur sa main pour respirer et regarder l'heure.

— Onze heures et demie ! dit-elle d'une voix étouffée ; c'est fini, ma fille ne reviendra plus !

Hector se jeta dans les bras de sa mère et ne trouva que des larmes pour lui répondre.

Horace s'arracha à cette scène déchirante, emporté par un triste pressentiment.

Il courut chez lui et trouva son valet de chambre sous la porte cochère.

— Il n'est venu personne ?

— Non, monsieur le comte.

— Vous n'avez pas reçu de lettres ?

— Non, monsieur le comte.

Horace ne monta pas; il se promena devant la maison.

— Monsieur le comte ?

C'était son valet de chambre qui avait oublié une lettre reçue à quatre heures et qui venait de la retrouver dans son habit.

Horace se hâta de lire cette lettre à la lumière d'un coupé arrêté à sa porte.

Il reconnut l'écriture de Luciana, une écriture décidée et originale.

Voici cette lettre :

« *Horace, vous trouverez ce soir Luciana là où vous*
« *allez tous les soirs. Hier, il y avait une Persane; au-*
« *jourd'hui, il y a une Vénitienne.* »

Horace fut frappé au cœur comme d'un coup de poignard.

Il relut la lettre dix fois : mais, la dixième fois, il y trouva encore les deux lignes terribles.

Il s'élança vers la maison du lansquenet ; mais tout à coup une pensée traversa son esprit.

— Oh! mon Dieu! dit-il avec effroi, si jamais Hector allait ce soir chez la Roche-Tarpéienne !

Il monta chez lui et écrivit ces mots en toute hâte :

« *Mon cher Hector, tu n'iras pas, j'imagine, ce soir*
« *au lansquenet. Attends-moi dans la chambre de ta*
« *mère, car il ne faut pas la quitter un instant. Je*
« *cours chez mademoiselle Hélène de Vermonsey, espé-*
« *rant encore y trouver mademoiselle Mariani.*

« *A toi,*

« HORACE. »

Dans sa précipitation, il avait jeté le billet de Luciana sur la table. Il prit une enveloppe et y mit — il avait la tête perdue — le billet de la jeune fille.

Il appela son domestique.

— Pierre, portez tout de suite cette lettre à M. Hector Mariani.

— Monsieur le comte sort?

— Oui, mais je vais revenir. Faites du feu partout.

— Décidément, dit Pierre en descendant l'escalier, monsieur le comte devient fou ; mais j'y suis habitué.

Horace dépassa son domestique sur le palier du premier étage.

— Mais allez donc plus vite!

— Mais, monsieur le comte, il est minuit.

Et le valet ajouta entre ses dents :

— Il devrait bien doubler mes gages, car je suis, comme les chevaux de fiacre, plus souvent sur pied la nuit que le jour.

Comme il disait ces mots, un valet de ses amis lui frappa sur l'épaule.

— Eh bien, est-ce que nous laissons passer le beau jour du dimanche sans nous réveiller un peu le palais?

— Ah! mon cher, je suis bien assez réveillé. Si tu savais quel métier je fais! Tel que tu me vois, je te représente une dépêche télégraphique : je cours sans m'arrêter une seconde.

— Eh bien, je veux te donner des forces avec le ratafia de la femme rousse.

— Il me vient une idée. Puisqu'il est minuit, le lundi commence, nous ferons notre lundi avant tout le monde.

Et ces deux beaux esprits se mirent à rire aux éclats en s'approchant d'un cabaret tout à fait indigne d'abriter d'aussi honnêtes gens.

— Si nous allions au café?

— Non; je n'ai vraiment pas le temps d'aller jusque sur les boulevards.

— En vérité, tu es victime de ton esclavage, toi.

— Tu as bien raison.

Et le domestique d'Horace dégusta lentement le ratafia de la femme rousse.

Une demi-heure après, il arriva tout essoufflé chez madame Mariani.

A peine eut-il sonné que la porte s'ouvrit et qu'il vit paraître tout à la fois Hector, mademoiselle Éléonore, et, au bout de l'antichambre, madame Mariani, qui s'était jetée hors de son lit.

— C'est une lettre, dit-il.

— Une lettre! s'écria madame Mariani en accourant. C'est une lettre de ma fille! donnez-la-moi.

Hector saisit la lettre, mais sa mère la lui arracha des mains.

— Ce n'est pas ce que vous pensez, dit le domestique d'Horace, car c'est un billet que vient d'écrire monsieur le comte à M. Hector.

— Maman, dit Hector en voulant ressaisir la lettre, tu n'as rien à voir là dedans.

Madame Mariani avait brisé le cachet.

— Je t'en supplie, maman; nous avons des secrets qui n'appartiennent qu'à nous. Si Horace parle de ma sœur, je te jure que je te lirai le passage; mais il doit m'écrire pour une dette de jeu; car, te l'avouerai-je, toutes les inquiétudes de la journée m'ont empêché de payer ce que j'ai perdu hier sur parole.

— Eh bien, dépêche-toi de me lire cette lettre.

Hector respira.

— Tout de suite, dit-il en conduisant sa mère au lit, qu'elle venait de quitter; mais te voilà toute pâle et toute glacée; recouche-toi d'abord.

— Hector, tu me fais mourir! Je te dis que cette lettre renferme ma destinée!

Madame Mariani s'était assise sur son lit; elle laissa tomber sa tête sur son oreiller.

— Eh bien, écoute, dit résolûment Hector.

Il retourna sur ses pas pour fermer la porte et s'approcha du candélabre de la cheminée.

Quand il eut déchiré l'enveloppe et qu'il eut déployé la lettre, l'écriture de sa sœur lui donna un éblouissement.

Il n'avait pas, au même degré qu'Horace, l'art de masquer ses émotions. Toutefois sa mère, qui avait relevé la tête, n'eut pas le contre-coup de son battement de cœur.

— Eh bien? dit madame Mariani.

— Eh bien, je te l'ai dit, il est question de ma dette de jeu. Horace m'écrit qu'il vient de la payer.

Quoique Hector eût toujours un œil sur sa mère, il avait lu et relu ces quatre lignes terribles :

« *Horace, vous trouverez ce soir Luciana là où vous
« allez tous les soirs. Hier, il y avait une Persane;
« aujourd'hui, il y a une Vénitienne.* »

— C'est impossible! dit-il.

— Impossible! dit madame Mariani. Qu'est-ce donc? tu m'effrayes! Je savais bien que cette lettre parlait de Luciana.

— Eh bien, dit Hector, imaginant un malheur pour en cacher un plus grand, écoute ce que m'écrit Horace :

« *Si mes renseignements ne me trompent pas, ta* « *sœur, te le dirai-je? est partie aujourd'hui pour* « *Londres avec le baron d'Humerolles. Il n'est pas* « *douteux qu'ils vont se marier par là à la petite cha-* « *pelle.* »

Hector regarda sa mère. Il avait si bien fait semblant de lire ce qu'il venait d'inventer, que madame Mariani ne douta pas un seul instant que ces paroles ne fussent dans la lettre.

— Ah! que je suis heureux d'avoir une épée! dit-il en frappant du poing sur le manteau de la cheminée.

Tout trembla dans la chambre, excepté madame Mariani, qui respirait pour la première fois depuis le déjeuner.

— S'il l'épouse à Londres, dit-elle, il faudra bien qu'il l'épouse à Paris. Nous partirons demain tous les deux. Relis-moi ce passage de la lettre.

— Que je te relise ce qui me déshonore! dit Hector

hors de lui, jamais! J'aurai toutes les peines du monde à pardonner à Horace d'avoir écrit cela.

Disant ces mots, il froissa la lettre, la jeta au feu et la regarda brûler.

— Je cours chez M. d'Humerolles, poursuivit-il d'un air décidé à tout.

— Embrasse-moi, murmura madame Mariani en lui tendant la main.

— Adieu, adieu ! Il n'y a pas une minute à perdre.

— Hector, mon cher enfant, ne va pas maintenant faire le mal plus grand qu'il n'est par un coup d'épée.

— Je ferai mon devoir, dit gravement Hector.

XXXV

LE CHATIMENT D'HORACE

Cependant Horace, en moins d'une minute, était arrivé devant la maison de la Roche-Tarpéienne.

— Ah! Luciana! s'écria-t-il. Luciana! Luciana! je ne croyais pas qu'on pût me frapper d'un tel châtiment.

Il entra.

Dans l'antichambre, il vit venir à lui la dame du logis.

— Mon cher comte (il n'avait pas livré son nom, il avait livré son titre), nous avons du nouveau.

— Pas un mot! s'écria-t-il avec fureur.

Deux danseuses qui venaient d'entrer furent effrayées de sa pâleur.

La dame du logis recula de trois pas.

— Vous devenez fou! lui dit-elle.

— Où est-elle? où est-elle? cria-t-il encore.

— Vous la connaissez donc? Elle chante comme l'Alboni. Ces messieurs la trouvent admirable.

— Ces messieurs!...

On n'exprimera jamais, ni par la voix ni par le style, la jalousie infernale qui mit en lambeaux le cœur d'Horace.

— Où est-elle? vous dis-je!

— Elle est dans mon boudoir, qui cause avec un capitaine de zouaves.

— Donnez-moi un couteau! reprit-il hors de lui.

Il alla jusqu'à la dernière station de sa douleur. Il alla jusqu'à Luciana.

— Monsieur, dit-il au capitaine de zouaves, cette femme, c'est ma femme. C'est pour se venger qu'elle est venue ici; mais moi, je me vengerai sur vous.

Luciana arrangeait lentement sa coiffure devant un miroir.

Elle souriait, elle montrait ses dents, elle tournait la tête avec la grâce tranquille du cygne sur le lac endormi. On eût dit Célimène jouant de l'éventail.

— Ah! c'est vous, Horace? Me trouvez-vous belle ce soir?

Horace fit un pas vers elle en se déchirant la poitrine.

— Monsieur, lui répondit le capitaine de zouaves, je me bats quand je vais à la guerre, mais je joue au lansquenet quand je viens ici.

Horace le souffleta du revers de la main.

— Vous êtes un lâche! Cette femme que vous outragez, vous ne seriez pas digne d'être son laquais.

— Je vous souffletterai, moi, du revers de mon épée, quand j'aurai mon épée.

— Monsieur, je demeure près d'ici, rue d'Isly, 5. J'ai des armes, n'attendons pas à demain.

— Oui, monsieur, je vais vous châtier tout de suite.

— Et moi, dit Luciana en se jetant entre les deux jeunes gens, je ne veux pas qu'on croise deux braves épées pour une joueuse de lansquenet!

— Monsieur! reprit avec dignité le capitaine de zouaves, je vous attends au salon.

Il venait de voir à la physionomie de Luciana qu'il y avait là un drame effrayant.

XXXVI

LE SANG SUR LES ROSES

Et quand l'amant et la maîtresse furent seuls dans le petit salon :

— Ah ! Luciana, dit Horace en lui brisant la main, Luciana, qu'avez-vous fait?

— Ce que j'ai fait, répondit la jeune fille en reprenant cette physionomie insouciante qui cachait son cœur depuis qu'elle avait d'un pied ferme franchi le seuil de ce tripot, ce que j'ai fait, c'est tout simple : vous aimiez cette maison, j'y suis venue.

— C'est horrible !... Vous ne savez donc pas que je vous aime et que vous me tuez mille fois...

— Ah ! vous m'aimez ! C'est sans doute depuis que je suis perdue pour vous...

— Luciana ! je vais vous tuer...

— Je vous le défends ! On tue sa femme ou sa maîtresse... Je ne suis ni l'une ni l'autre...

— Luciana ! Luciana ! c'est à devenir fou ! Ayez pitié de moi !

— Ah ! vous croyez que je suis venue ici pour subir vos scènes d'amour ? Non, monsieur. Je ne connais plus Luciana et je ne connais plus Horace. J'ai déjà fait comme ces dames ; je me suis baptisée d'un nom poétique : on m'appelle maintenant mademoiselle Lucrèce. Comme ce nom fera bien quand on me verra demain passer à quatre chevaux aux Champs-Élysées, car on m'a déjà offert quatre chevaux.

— Luciana, suivez-moi ! Luciana, je vous aime ! Luciana, je vous épouse !

— Ah ! je vous attendais là. Vous daignez consentir à m'épouser, maintenant qu'il est trop tard. Quand j'étais une honnête fille, vous me trouviez indigne de vous. Eh bien, quel que soit mon abaissement, je suis encore trop fière pour vouloir maintenant d'un homme qui aurait l'infamie de m'épouser quand j'ai souillé mon pied dans cette maison de malheur. Tout est fini !

— Eh bien, mourons tous les deux.

— Non, monsieur; je ne veux pas même de ces épousailles de la mort. Ma vengeance ne vous frapperait pas comme vous m'avez frappée. Je mourrai quand il me plaira, mais toute seule.

Horace, qui se traînait aux pieds de Luciana, se releva et la saisit violemment.

— Luciana, je vous emporte d'ici vivante ou morte!

— Laissez-moi, monsieur, ou j'appelle. Vous n'êtes pas chez vous et je ne suis pas chez moi!

Luciana était au bout de ses forces pour jouer son terrible jeu. Elle se jeta en pleurant sur le canapé.

Horace courut à elle.

— Je ne vous laisserai pas sur ce fumier, dit-il avec colère.

Et il l'arracha du canapé.

Mais comme il la soulevait dans ses bras, il vit jaillir un flot de sang.

— Ah! mon Dieu! s'écria-t-il.

— Ce n'est rien, c'est la mort, dit Luciana avec son beau sourire.

— La mort!

— Oui; vouliez-vous donc me voir survivre à cela!

La jeune fille exprima toute son horreur en prononçant ces mots.

XXXVII

LE DERNIER CRI D'AMOUR

Horace frappa sur un timbre.

— De grâce! dit Luciana, laissez-moi mourir seule.

— Ah! Luciana! je n'ai plus la force de voir un pareil spectacle!

— Vous direz à ma mère que j'ai eu tous les courages : celui de la vengeance et celui de la mort; mais dites-lui que cela s'est passé chez vous.

Horace, dans son désespoir, saisit sur le canapé le stylet circassien. Luciana détourna la main qui allait frapper au cœur.

— Non, dit-elle, vivez pour protéger ma mort... Ah! comme je souffre et comme je suis heureuse de souffrir!... Dites-moi que vous souffrez plus que moi... Tout à l'heure, vous m'emporterez chez vous, afin que ma mère puisse m'ensevelir. Vous brûlerez cette robe, qui est déjà pour moi la robe de Nessus... J'étouffe, Horace; ouvrez la fenêtre, pour que je respire; cela ne m'est pas arrivé depuis huit mortelles heures!

Une danseuse entra qui avait écouté à la porte avec effroi.

— Ah! mon Dieu! dit-elle, un assassinat!

— Chut! murmura Luciana, c'est moi qui me suis frappée.

Horace venait de porter Luciana devant la fenêtre.

— Horace, j'étouffe...

Horace ouvrit la fenêtre.

Luciana respira et jeta ses bras autour du cou de son amant.

— Ah! Horace, comme je vous aimais!

XXXVIII

LA MORT DE LUCIANA

Pendant qu'un tel drame se passait dans le boudoir, la table de jeu, dressée, comme toujours, dans le grand salon, était bruyamment envahie.

— Moi, dit une comédienne sans théâtre, je veux jouer ce soir tout ce que j'ai.

— Eh bi en, moi, dit un joueur qui avait étudié les mathématiques, je ne jouerai pas contre vous.

Madame de la Roche-Tarpéienne, qui n'était jamais du premier coup, versait pieusement du rhum dans la théière, pour donner un peu de gaieté et un peu de hardiesse à ses convives.

Le chevalier des Quatre-Empereurs se promenait autour de la table pour bien saisir le moment de prendre la main, — avec ses cartes; — car il n'entrait jamais au jeu que pour jouer *son jeu*. Il avait le grand art, en prenant la main, d'y ajouter une douzaine de cartes : deux rois, deux as, deux sept, qui sortaient comme par merveille pour lui faire gagner quelques pièces de cent sous, quelques louis ou quelques billets de banque, selon les hasards de la soirée.

Ce soir-là, le jeu prit feu comme la poudre.

C'était un dimanche, les dames furent plus braves, les hommes plus vaillants. La pièce de cent sous pâlit et se retira devant la pièce d'or. Les louis se croisaient avec une telle rapidité, qu'il restait à chaque coup quelques traînards en route, toujours recueillis par les dames avec une touchante hospitalité.

On avait oublié l'entrée tragique d'Horace; on ne pensait déjà plus à la Vénitienne, quand tout à coup le cri que poussa le jeune homme en voyant jaillir le sang du sein de Luciana vint pour ainsi dire rappeler dans le grand salon qu'il y avait d'autres émotions que celles du jeu.

La danseuse, qui déjà avait entr'ouvert la porte du boudoir, y entra en toute hâte, suivie bientôt de la

Roche-Tarpéienne. Mais aucun des joueurs ne voulut interrompre le coup commencé.

Cependant Horace, voyant entrer deux femmes, cria tout hors de lui : — N'entrez pas ! — comme s'il eût craint que les regards de ces deux femmes ne vinssent souiller la robe de mort de Luciana.

— Un médecin ! dit-il d'une voix brève.

La Roche-Tarpéienne s'était jetée à genoux devant Luciana et lui saisissait la main.

— Ne touchez pas ! lui dit Horace avec colère en rejetant la main de la Roche-Tarpéienne.

A cet instant, la porte se rouvrit et tout le monde entra.

— Un médecin ! un médecin ! dit encore Horace éperdu.

— Je suis médecin, dit un des joueurs en dépassant les curieux.

— Sauvez cette femme, murmura Horace.

— C'est fini ! dit gravement le médecin.

Il fit signe à tout le monde de s'éloigner. Il se trouva bientôt seul avec Horace.

— Est-ce vous qui l'avez frappée ? demanda-t-il.

— Moi ! se récria Horace.

Et il poursuivit tristement :

— Non, je ne l'ai pas frappée ; mais c'est moi qui ai armé sa main. Vous ne comprenez pas ? C'est une honnête fille, une fille du monde. Elle m'aimait. Quand elle a su que je la quittais tous les soirs pour venir ici, elle y est venue aussi, mais pour y mourir.

— Pauvre femme!

— Elle est née à Venise ; dans ce pays-là, on a encore les grandes vertus de la vengeance.

Un sentiment chrétien saisit soudainement l'âme d'Horace.

— Un prêtre! dit-il à la femme de chambre. Qu'on aille tout de suite rue de la Madeleine, chercher l'abbé X***.

— L'abbé X***, dit la femme de chambre, il vient tous les dimanches dans la maison faire la partie de whist du vieux marquis qui demeure au-dessus.

— Eh bien, voyez tout de suite.

Je ne sais pas si M. l'abbé X*** fut fâché d'être arraché à son dernier coup de carte, comme dans la comédie d'Alfred de Musset, mais il ne se fit pas attendre longtemps.

Quelques minutes après, il entrait grave et digne dans ce boudoir hanté par les plus folles passions, mais pour ainsi dire ennobli et purifié par le drame qui s'y déroulait.

Le prêtre s'inclina et regarda tour à tour Luciana, le médecin et Horace.

— Monsieur l'abbé, dit Horace, qui l'avait rencontré dans le monde plus qu'à l'église, priez pour cette jeune fille que vous voyez là à son dernier soupir.

Le prêtre fit le signe de la croix et récita une prière.

— Monsieur l'abbé, reprit Horace, je suis cause de sa mort, parce que j'ai refusé de l'épouser. N'est-il pas temps encore de réparer mon crime?

Le prêtre regarda Horace comme s'il ne comprenait rien.

— N'avez-vous jamais marié à la dernière heure un homme à une femme que la mort prenait trop tôt? Cette pauvre fille! je voudrais qu'elle emportât mon nom dans l'éternité.

Le prêtre se retourna vers le médecin.

— Docteur, cette jeune fille a-t-elle encore le sentiment de sa raison?

— Non, dit le médecin. Le cœur bat toujours, mais la tête n'y est plus.

Horace avait ressaisi la main de mademoiselle Mariani.

— N'est-ce pas, Luciana, que vous m'entendez et que vous voulez que je vous donne mon nom?

La main était glacée; Luciana ne répondit par aucun signe.

— Il est trop tard! dit le prêtre en secouant tristement la tête.

— Hélas! murmura Horace, je n'aurai rien fait pour adoucir cette mort horrible.

Et il retomba agenouillé, éclatant en sanglots.

Le prêtre imprima le signe de la croix sur le front

de la mourante, récita un psaume et s'en alla silencieusement.

Luciana ne parlait plus, mais n'était pas morte encore. Ses grands yeux fixes semblaient regarder le désespoir d'Horace. Un dernier souffle passait sur ses lèvres pâlies.

— Horace, murmura-t-elle d'une voix éteinte en soulevant ses bras, je pars, mais je reviendrai.

Horace ne comprit pas ce que voulait dire la mourante.

Il se jeta une dernière fois dans ses bras, comme s'il dût mieux faire que le médecin.

— Luciana! Luciana! si tu meurs, je veux mourir; mais dis-moi que tu ne mourras pas.

— La voilà qui rend le dernier soupir, dit le médecin.

Horace se releva pâle et atterré.

— Et sa mère! dit-il après un silence.

— Sa mère! murmura le médecin; il est impossible de l'appeler.

— Aussi faut-il transporter chez moi Luciana.

— Je comprends, dit le médecin. Allez l'attendre chez vous; je me charge de tout; je dirai qu'elle n'est pas morte.

— Merci! dit Horace avec un sentiment de reconnaissance. Nul ne la connaît ici sous son vrai nom. Je vous ai dit notre secret, je vous supplie de ne jamais le révéler.

Pour ne pas traverser le salon, Horace ouvrit la porte du petit escalier. Du reste, le spectacle de la mort de Luciana avait glacé les joueurs. Quelques-uns étaient partis; les autres causaient debout devant la table repliée. Tout le monde s'interrogeait à la fois pour avoir le mot de cette tragédie.

— C'est une belle et charmante créature, disait le capitaine de zouaves; elle m'a surpris par ses accès de gaieté et de tristesse; elle s'est mise au piano et m'a joué avec la plus profonde expression la *Dernière Pensée* de Weber.

XXXIX

HORACE ET HECTOR

Un grand bruit se fit à la porte.

Hector avait, pour passer plus vite, jeté de côté un étranger qui fuyait en tout effroi cette maison de malheur.

Mais la manière d'entrer d'Hector l'avait arrêté court et lui avait rendu tout son courage.

— Monsieur, puisque vous voulez passer si vite, vous ne passerez pas du tout.

Et il s'était jeté devant la porte du salon.

Au premier bruit, la Roche-Tarpéienne et le chevalier des Quatre-Empereurs, qui craignaient toujours que la police n'entervînt à main armée au milieu de leurs petites fêtes de famille, étaient déjà dans l'antichambre.

— Qu'y a-t-il? demanda la dame d'un air effrayé.

— Pourquoi tant de tapage? demanda le monsieur en fronçant le sourcil, tout comme Jupiter tonnant.

— Je n'ai pas le temps de répondre! cria Hector, qui voulait passer outre.

Mais la Roche-Tarpéienne, qui avait compris, à la pâleur d'Hector, que c'était sa sœur ou sa maîtresse qui venait de se frapper d'un coup de poignard, s'attacha à lui pour l'empêcher d'avancer.

— Je vous en supplie, n'allez pas là !

— Horace est ici? demanda Hector.

— Non, répondit la Roche-Tarpéienne, il n'est pas venu ce soir. Je le croyais avec vous.

— Et pourquoi n'irais-je pas là? reprit Hector en ouvrant enfin la porte du salon.

— De grâce ! écoutez-moi.

Et la Roche-Tarpéienne, se penchant à l'oreille d'Hector :

— Il y a eu ce soir des arrestations. On a saisi des cartes biseautées. Que sais-je! Tout le monde est sens dessus dessous.

— N'est-ce que cela? dit Hector en respirant.

— N'est-ce que cela! Dieu merci! C'est ma ruine!

Hector était entré dans le salon. Mais, avant qu'on lui parlât, la Roche-Tarpéienne eut le temps de dire à tout le monde que celle qui rendait le dernier soupir dans le boudoir était de la famille de ce jeune homme.

— Voyons! dit-il en se frappant le front, qui est-ce qui est fou? Est-ce moi? est-ce Horace? est-ce ma sœur?

Et il se mit à songer que si Luciana avait, dans un moment de jalousie, écrit les quatre lignes qu'il avait toujours sous les yeux, c'était une simple menace.

— Non, dit-il, jamais ma sœur n'a eu sérieusement l'idée de venir ici. Et pourtant tout est mystérieux dans cette passion dont je ne sais pas le premier mot!

Il pensa à aller chez Horace.

Il sortit du salon sans avoir adressé la parole à personne. Il ne lui fallut pas deux minutes pour arriver rue d'Isly, devant la porte de son ami.

— C'est lui! dit Horace, qui était au haut de l'escalier, attendant avec angoisse qu'on apportât chez lui Luciana.

— Ma sœur! cria Hector; où est ma sœur?

— Ta sœur!

Horace descendit quatre marches et prit les mains de son ami.

— Mon cher Hector, il ne te reste plus qu'une chose à faire : tue-moi !

— Parle, dit Hector en dégageant ses mains. Où est-elle ?

— Que veux-tu que je te dise ? J'étais fou et elle était folle. Ta sœur s'est tuée d'un coup de poignard.

— Luciana ! murmura Hector en se soutenant à la rampe.

— Oui, et pourtant je l'aimais bien. Pauvre Luciana !

— Qu'as-tu donc fait ?

— Tu m'as entraîné hier chez la Roche-Tarpéienne, on le lui a dit, et aujourd'hui elle a voulu me punir par sa mort. En effet, elle est bien vengée !

Hector jeta à Horace un regard terrible.

— Monsieur ! je vous croyais un galant homme ; je vous ai conduit chez ma sœur comme j'y eusse conduit un frère ; vous avez trahi mon amitié comme vous avez trahi son amour.

Horace ne voulut pas répondre sur le même ton.

— Mon cher Hector, accusez-moi ; si vous ne me croyez pas assez malheureux, frappez-moi de votre haine ; je n'ai plus qu'un refuge, c'est la mort.

— La mort ! reprit Hector avec colère ; oui, la mort, car je ne vous laisserai pas le temps de vous consoler.

Un bruit se fit dans l'escalier.

— Silence! dit Horace à Hector; c'est votre sœur...

Hector vit dans l'ombre deux hommes qui portaient le corps de Luciana enveloppé dans un drap déjà sanglant.

— Il ne faut pas qu'elle entre ici! dit-il en redescendant l'escalier.

Et il ordonna aux deux hommes de le suivre.

— Hector! je vous en supplie, dit Horace, qui était descendu aussi; vous allez tuer votre mère!

— Monsieur, c'est chez ma mère que doit rentrer ma sœur aujourd'hui.

Horace se tut. Il vit partir pour jamais Luciana avec un morne désespoir. Il lui sembla qu'il la perdait pour la seconde fois. Au contraire, si on l'avait apportée chez lui, il lui eût semblé qu'il l'a retrouvait, du moins pour quelques heures. Il eût savouré cette douloureuse volupté de pleurer toutes ses larmes, agenouillé devant la morte.

— Pauvre Luciana! dit-il en entendant refermer la porte cochère; je ne la verrai donc plus!

Dirai-je tous les détails de cette nuit d'épouvante? comment on cacha le sang répandu? comment on enleva mystérieusement la morte de la maison du lansquenet?

Dirai-je l'entrevue d'Horace et de madame Mariani, quand elle vint le lendemain lui demander compte de son malheur? Ce fut une scène terrible et déchirante.

Horace aurait voulu mourir mille fois; mais il ne voulait pas mourir avant d'avoir eu, lui aussi, son quart d'heure de vengeance; il ne voulait pas mourir avant son duel sans merci avec le capitaine de zouaves.

— Mais, monsieur, lui dit un des témoins de son adversaire, le duel est inutile; le capitaine vous pardonne et vous n'avez rien à lui reprocher.

— Je n'ai rien à lui reprocher! s'écria Horace en s'indignant; il a causé une demi-heure avec mademoiselle Mariani sans s'apercevoir que c'était une honnête fille!

XL

LE DOUBLE DUEL

Le surlendemain, vers midi, neuf jeunes hommes se suivaient trois par trois dans une sombre avenue du bois de Meudon. C'était un duel; que dis-je? un double duel.

— De quel côté? dit l'un d'eux en s'adressant aux deux témoins qui l'accompagnaient.

C'était Horace.

— Tout droit! dit un des témoins. Nous allons près du château; nous ne rencontrerons personne par là.

Et ils allèrent silencieusement, avec la gravité de tout homme qui va à un devoir ou de tout soldat qui va à l'ennemi.

Le groupe de trois jeunes gens qui suivait le groupe d'Horace se composait du capitaine de zouaves et de ses deux témoins. Mais le troisième groupe, quel était-il?

Si Horace avait une vengeance à exercer, il y avait un homme qui cherchait aussi sa vengeance : c'était le frère de Luciana.

Il avait été convenu entre les six témoins, sur la prière d'Horace lui-même, que les deux duels auraient lieu à la même heure.

Il y avait des épées et des pistolets. Horace devait d'abord se battre à l'épée, et, s'il n'était pas tué au premier duel, si ses blessures l'empêchaient de continuer à se battre à l'épée, il devait prendre le pistolet.

Quand on fut sur le terrain, comme on ne pouvait pas s'entendre, on tira au sort. Le sort décida que c'était Hector qui se battrait le premier.

Horace fut désolé, car là n'était pas sa vengeance. Il avait bien plus envie d'embrasser Hector que de le tuer; aussi ne se préoccupa-t-il que de se défendre.

Il ne voulait pas être mis hors de combat, mais il ne voulait pas non plus blesser Hector.

Il fut atteint le premier.

— Ce n'est rien, dit-il; continuons.

La lutte recommença trois fois. On eût dit qu'ils jouaient au jeu de la mort. Mais à la troisième reprise, Hector, s'étant lancé plus aveuglément vers son adversaire, sentit tout à coup la pointe de l'épée d'Horace.

Le pauvre garçon tomba dans les bras de son ami, qui avait écarté les témoins en leur jetant son épée.

— Adieu! murmura Hector en regardant son adversaire de ce beau et profond regard qui était celui de Luciana.

— O mon Dieu! qu'ai-je fait! s'écria Horace. Luciana! Luciana!

Il lui sembla qu'il venait de frapper Luciana pour la seconde fois. Depuis le commencement du duel, il la voyait toujours devant lui, traînant sa robe blanche tachée de sang.

— Rassurez-vous, dit un témoin à Horace, ce n'est pas là une blessure mortelle, je vous en réponds.

— Mais, dit l'autre témoin, c'est assez pour aujourd'hui; je m'oppose à ce que le combat recommence avec le capitaine.

— Tais-toi, dit Horace; tu ne sais donc pas que j'ai la rage dans le cœur et que j'ai hâte d'en finir?

Et, se tournant vers les témoins du zouave :

— Je suis prêt; je vous attends.

On fit remarquer à Horace que, blessé lui-même, il ne pouvait plus se battre à l'épée. On apporta les pistolets.

— Non, dit Horace, mon épée me comprend. Ce pistolet n'a pas ma fureur.

Et se reprenant :

— Ceci n'est pas seulement une affaire d'honneur, c'est une affaire de mort.

On se mit en garde. A la première attaque, l'épée du capitaine de zouaves pénétra dans l'épaule d'Horace, qui, saisissant toutes ses colères, riposta par un coup violent. Son épée traversa le cœur de son adversaire.

— Enfin! dit-il, Luciana est vengée !

Et il courut vers Hector, qu'on emportait chez le concierge du château.

— Hector! Hector ! pardonne-moi la mort de Luciana : j'ai tué le seul homme qui ait osé douter de sa vertu.

— Je te pardonne, dit Hector, mais ma sœur ne te pardonnera jamais.

XLI

ADIEU A CELLE QUI REVIENDRA

Horace s'en revint à Paris, décidé à mourir; mais il eut le courage de ne pas se battre contre lui-même dans le duel de la vie et de la mort.

Le soir, à moitié fou, dévoré par la fièvre de ses blessures, il alla chez le médecin qui avait présidé à l'embaumement de Luciana.

— Docteur, lui dit-il, je donnerai dix mille francs aux pauvres, si vous me permettez de revoir une dernière fois mademoiselle Mariani.

— Il est trop tard, dit le médecin. Madame Mariani

part ce soir pour Venise avec la dépouille mortelle de sa fille. Il y a une heure que le cercueil est à l'embarcadère avec une religieuse. M. Hector Mariani devait partir aussi, mais votre coup d'épée le cloue ici pour six semaines.

— Docteur, je vous en supplie, demandez à madame Mariani qu'elle m'accorde la grâce d'être du funèbre voyage.

— Vous êtes fou! monsieur; les morts ont aussi leur pudeur. Laissez cette fille morte à sa mère.

— Oui, dit Horace désespéré; je n'ai pas même le droit de pleurer Luciana.

Plus que jamais dévoré par la fièvre, il remonta dans son coupé. Le cocher lui demanda où il devait le conduire.

— Je ne sais pas, dit-il.

Et tout d'un coup, comme entraîné malgré lui :

— Au chemin de fer de Lyon, sans perdre une seconde.

Quand il arriva à l'embarcadère du chemin de Lyon, il sauta sous l'auvent et alla demander le chef de gare.

— Monsieur, est-ce par ce train (il ne prononça pas le mot convoi) que part une jeune fille morte, mademoiselle Mariani?

— Oui, monsieur; vous êtes sans doute de la famille?

— Oui, monsieur.

17.

— Eh bien ! monsieur, suivez-moi.

Et le chef de gare conduisit en silence Horace devant un waggon qui renfermait le corps de Luciana, veillé par sa femme de chambre et par une religieuse.

— Oh ! mon Dieu ! dit Éléonore, comme vous êtes changé, monsieur Horace, je ne vous reconnaissais pas ! Eh bien ! voilà un malheur ! Que s'est-il donc passé ?

Grâce à l'énergie d'Hector, les hommes qui avaient, l'avant-dernière nuit, porté le corps de Luciana rue de Sèze, n'avaient pas répondu un mot aux questions des domestiques.

Horace, pour toute réponse, donna cinq louis à la femme de chambre.

Il s'était agenouillé devant le cercueil.

C'était un cercueil en velours blanc, où déjà on avait eu le temps de graver, — tout va si vite dans la mort ! — le nom de cette pauvre fille :

LUCIANA MARIANI

NÉE A VENISE EN 1836, MORTE A PARIS EN 1858

— Voilà madame Mariani qui vient, dit tout à coup Éléonore.

Horace, qui ne voulait pas rencontrer madame Mariani devant le cercueil de sa fille, se leva et s'éloigna par le chemin opposé.

Il rentra chez lui mourant. Il se coucha espérant dormir ou mourir. Il ne dormit pas.

Vers minuit, il prit sa bougie et alla chercher dans son salon les lettres de Luciana.

En passant devant la glace, il tressaillit et n'osa regarder.

Minuit sonna: Il leva les yeux et vit se dessiner dans la glace la pâle figure de mademoiselle Mariani, comme le soir où M. H*** la dessina lui-même.

Horace, qui n'avait peur de rien, eut peur de cette vision. Il laissa tomber son flambeau et tendit les bras tout éperdu.

— Luciana! Luciana!

Il se recoucha et finit par s'endormir, mais dans un cortége d'hallucinations.

XLII

LA LETTRE DE LA MORTE

Le matin le domestique d'Horace entra dans sa chambre pour lui présenter une lettre.

— Une lettre de Luciana! s'écria-t-il avec un senment de joie, de surprise et d'effroi.

Il regarda longtemps son nom sur l'enveloppe avant de briser le cachet. Il se rappelait alors les dernières paroles de la jeune fille : « *Je pars, mais je reviendrai.* »

Il brisa enfin le cachet et lut d'un regard troublé :

« Horace, qu'avez-vous fait ? vous ne saviez donc
« pas combien je vous aimais ? Vous m'avez mécon-
« nue : j'étais née pour vivre dans la religion de notre
« amour, en vous donnant de beaux enfants que je
« vois d'ici, — c'est mon dernier rêve ! — gamba-
« dant autour de moi, sautant sur mes genoux, vivant
« de mon sein et de mon cœur. Je vous aurais fait un
« univers au coin du feu.

« Quelle bonne atmosphère que celle de la mai-
« son ! si on se met à la fenêtre, c'est pour voir le
« ciel; si on dépasse le seuil, c'est en y semant des
« miettes de son âme afin d'y revenir plus vite. Ah !
« la maison comme je la comprends, c'est presque
« la maison du bon Dieu ! Le soleil y vient le matin
« comme un bon hôte vous dire : Réveillez-vous, belle
« paresseuse ! On se réveille à deux. Quelle joie de se
« retrouver après le long voyage des rêves ! Quel
« charme de n'avoir rien à se dire et d'égrener toutes
« les perles du babil matinal.

« On déjeune, on lit, on joue du piano, on peint;
« mais la journée est passée, et on n'a eu que le
« temps d'être heureux. Vient le soir, l'heure d'aller
« au bal, et on se fait une fête de penser qu'on n'ira
« pas !

« Voilà pourtant la vie que je voulais vous faire.
« Qu'espériez-vous donc de plus beau, Horace ? Vous
« n'avez pas voulu vivre dans mon rêve, et vous
« m'avez gaiement conduite à ce désespoir et à cette

« vengeance qui me possèdent et ne me laissent plus
« que la liberté de mourir. Ah! je ne vous aime plus,
« je vous hais, et je veux me frapper pour vous frap-
« per...

« Luciana Mariani. »

Horace relut cette lettre pour la comprendre. D'où
venait-elle? L'enveloppe portait le timbre de la poste
de Paris. Il ne pouvait donc interroger que la lettre
elle-même.

Toutefois, l'idée lui étant venue d'interroger la
Roche-Tarpéienne, il l'envoya chercher et apprit de
cette femme que la lettre de Luciana, retrouvée la
veille sur la cheminée du boudoir, avait été jetée à la
poste.

Le dimanche, Luciana, dans un moment de solitude, entre l'heure du dîner et l'heure des visites, avait repris la plume et avait écrit cette seconde lettre à Horace.

XLIII

AUX CHAMPS-ÉLYSÉES

Je n'avais pas vu Horace depuis longtemps, quand je le rencontrai, vers les premiers jours du dernier automne, dans l'avenue des Champs-Élysées. Je fus touché, sinon surpris, de sa pâleur. Il était seul et cherchait la solitude; il montait l'avenue en fumant un cigare et en fuyant les promeneurs sous les grands ormes devenus si rares.

J'allai à lui.

— Mon cher Horace, je ne te vois plus, moi qui crois à l'amitié des jours de deuil.

Il me regarda tristement.

— Ce n'est pas un deuil, me dit-il en me serrant la main; c'est un tombeau. Je n'ai pas six mois à vivre.

— Six mois! Dans six mois, tu auras commencé un autre roman dans ta vie aventureuse.

— Non, c'est fini...

Il me regarda d'un œil fixe.

— C'est toi qui nous as raconté l'histoire de la princesse Sibylle, qui, tous les jours à minuit, voyait apparaître son amant. Où avais-tu lu cela?

— Je ne sais pas, il me semble que je l'avais rêvé.

— Non, tout ce que tu nous as conté ce jour-là était vrai. Si je ne craignais de passer pour un visionnaire, je te dirais ce qui m'arrive, à moi, à moi un sceptique, qui dirais volontiers au bon Dieu comme Spinosa :

Je crois même, entre nous, que vous n'existez pas.

— Dis-moi ce qui t'arrive!

— Non, parce que tu te moquerais de moi; d'ailleurs, tant qu'il fait jour, je ne crois pas moi-même à ce qui m'arrive la nuit.

— Parle donc!

— Es-tu bien sûr que je ne suis pas fou? Cette tragédie a été un si rude coup pour moi, que je sens toujours le sol trembler sous mes pieds.

— Je te croyais encore en Bourgogne, dans ta famille.

— Je n'y suis resté que trois ou quatre jours. On voulait me consoler, et je ne veux pas être consolé. J'aime ma douleur, et je m'y ensevelis avec la sombre volupté de trappistes qui creusent leur fosse. Ah! mon cher ami! quelle femme c'était que Luciana! Tu n'as vu que la beauté visible, toi; moi, j'ai vu son âme, une âme de feu et de lumière; j'en suis tout ébloui et tout consumé. Quand je pense que j'ai eu mon bonheur sous la main et que je suis allé étreindre les nues!

— Le bonheur est toujours le château inaccessible qui tombe en ruine quand nous y mettons le pied.

— Le bonheur, c'est une maison ouverte le soir à tous ceux qui n'ont pas perdu leur journée. Mais, vois-tu, le désœuvrement tue plus d'hommes à Paris en un an qu'il n'en a fallu le jour de Sébastopol. J'ai horreur de moi-même. Je ne sais pas pourquoi j'ai gardé mes amis, pourquoi j'ai gardé ma liberté, pourquoi Dieu ne m'a pas frappé d'un coup de foudre, car dans cette passion terrible j'ai eu toutes les lâchetés. Ce n'est pas la main de Luciana, c'est ma main qui a trouvé la place du cœur pour le coup de poignard. Voilà les mœurs à la mode! Il est du meilleur monde de sacrifier les femmes. C'est en vain qu'elles ont l'héroïsme de mourir pour nous, nous nous moquons d'elles d'un air dégagé, et nous débitons de vieilles impertinences contre leur fourberie.

Horace frappait violemment de sa canne les branches retombantes et encore feuillues d'un beau marronnier, tout fraîchement débarqué du bois de Boulogne.

— Mon cher Horace, je ne suis pas de ceux qui consolent ; je laisse cela au temps, car le temps a dans ses mains l'imprévu, ce miracle de tous les jours qui donne le courage de vivre. Après la passion, la curiosité. Tu as joué comme un enfant ton jeu dans la vie. Mademoiselle Mariani était une vraie femme que tu aurais dû enfermer dans le mariage avec l'amour le plus sérieux. Il ne te reste maintenant qu'à voyager. Tu aimes les tableaux : va passer l'hiver à Venise.

— Tu ne sais pas ce que tu dis : c'est à Venise que madame Mariani a enlevé sa fille morte, car Luciana avait toujours dit qu'elle voulait entendre battre sur son tombeau les vagues de l'Adriatique.

— Je sais ce que je dis ; c'est parce que mademoiselle Mariani est à Venise que je t'y envoie. Le tombeau de ceux qu'on a aimés déchire et console.

Nous arrivions au rond-point.

Horace, malgré lui mêlé à la foule, salua au passage quelques figures de connaissance.

— As-tu vu? me dit-il en me serrant le bras.

Je venais de voir, dans une demi-daumont, cette

courtisane qu'il avait aimée et qui lui avait servi de point de départ pour juger toutes les femmes.

— Celle-là, dit-il avec amertume, celle-là ne se donnera jamais un coup de poignard dans le cœur.

Un poignard lui tombera peut-être dans la main un jour de désespoir ; mais elle aura beau frapper, elle ne trouvera pas son cœur.

Presque au même instant, un régiment de chasseurs d'Afrique, qui allait caserner à Courbevoie, passa dans l'avenue.

— Si on faisait la guerre, dit Horace, je serais soldat depuis l'hiver.

— Je t'ai connu presque bénédictin à certaines heures. Pourquoi n'oublies-tu pas dans l'étude?

— Oublier?

Il me serra le bras une seconde fois, comme par un tressaillement.

— Le frère de Luciana, me dit-il avec une vive émotion.

En effet, j'aperçus M. Hector Mariani à la tête de sa compagnie.

— Pauvre Hector! si j'osais lui demander des nouvelles de sa mère...

— Attends-moi et détourne la tête.

Et j'allai serrer la main du jeune capitaine.

— Ah! c'est vous, me dit-il; voyez-vous toujours Horace?

— Oui. Comment va madame Mariani ?

— J'arrive de Venise. Ma mère ne se consolera pas. Elle a fait sculpter un tombeau pour ma sœur par Rinaldi; j'ai bien peur qu'elle ne s'y couche elle-même. Pauvre femme! elle qui était si gaie! Pour moi, je me console à la pensée que j'irai bientôt mourir pour l'Italie. Le jour où on vous dira que le sang de Venise arrose la Lombardie, vous pourrez faire mon épitaphe, car je veux frapper et être frappé le premier.

Je dis adieu à Hector, — c'était un adieu, car je suis sûr qu'il est mort à l'heure où je vous parle, — et je retournai tristement vers Horace.

— Eh bien? me demanda-t-il.

— Eh bien! Madame Mariani porte le deuil de sa fille et le deuil de sa jeunesse.

— Ah! si j'osais! je courrais me jeter dans les bras d'Hector; comme cela me ferait du bien!

Horace avait deux belles larmes dans les yeux.

XLIV

LES APPARITIONS

Horace redevint silencieux ; son esprit voyageait dans le passé, j'essayai vainement de l'arracher à ses angoisses.

Nous arrivâmes devant ma porte ; je lui offris de dîner avec moi.

— Oui, me dit-il, car je n'aurai pas le courage de retourner dîner chez moi. Et puis, voilà déjà la nuit qui vient, et j'ai peur de la nuit quand je suis seul.

Nous montâmes. Un autre ami m'attendait. Le dîner

fut presque gai ; mais au sortir de table, en passan
dans le demi-jour d'un salon à peine éclairé de deux
petits candélabres à trois branches, Horace retomba
soudainement dans ses mélancolies nocturnes.

— Tu ne m'as toujours pas raconté tes visions,
lui dis-je d'un air moitié curieux, moitié sympathique.

Il venait de s'asseoir ; il se leva et se plaça devant
moi et mon ami.

— Écoutez donc, et dites-moi si je suis fou. Durant
les heures qui ont suivi la mort de cette pauvre fille,
je la voyais sans cesse sous mes yeux, soit que je
les ouvrisse, soit que je les fermasse; je la voyais
dans sa pâleur de morte, dans sa robe blanche tout
inondée de sang, avec ses beaux yeux si profonds et
si doux. Je levais les yeux au ciel, je me frappais le
front, je me déchirais la poitrine, je voulais mourir...
Si je ne suis pas mort, c'est que j'avais deux duels
sur les bras. Dieu m'a condamné à vivre ; je ne sortis
que pour me battre. Dans la rue, sur la route de Versailles, dans le bois de Meudon, partout, je voyais
flotter devant moi les plis de cette robe blanche, cette
robe de désespoir qui a été le vrai linceul de Luciana. Quand je frappais son frère, quand je frappais
le capitaine de zouaves, je la voyais toujours. Il me
sembla que le sang que je répandais se mêlait au sang
qu'elle avait répandu. Je ne voulais que mourir moi-
même. Si j'ai frappé Hector, c'est d'une main aveu-

gle; mais ce n'est pas cela que j'ai à dire ce soir. Deux fois blessé moi-même, je rentrai chez moi plus que jamais décidé à mourir, ne voulant pas voir de médecin, ne voulant pas même des secours de mon valet de chambre. Après avoir été dire adieu à Luciana au chemin de Lyon, je me couchai enfin. La première nuit, je vis se dessiner dans la glace la figure de mademoiselle Mariani.

— Pure vision !

— Écoute : la seconde nuit, j'avais toujours un volcan dans la tête, un enfer dans le cœur, pourtant je m'endormis de bonne heure. La pendule sonnant minuit me réveilla. Tout d'un coup, j'entendis du bruit à la porte, et je vis venir à moi, dans la nuit, la pâle figure de Luciana chastement enveloppée dans sa robe blanche. Elle s'avança jusqu'à mon lit, s'inclina sur moi et disparut.

— Tout le monde a vu cela un jour de fièvre, mon cher Horace, dis-je en me levant pour prendre un cigare.

— J'attendais cette explication, me dit Horace d'un air railleur et triste. C'est la fièvre, dis-tu; je le veux bien. Durant quinze nuits de suite, je fus frappé de la même apparition ; mais j'étais malade, et j'avais peut-être l'esprit malade. Mais, depuis six mois, mais aujourd'hui que je vais et viens, que je sais ce que je fais, et que je sais ce que je dis, explique-moi un peu pourquoi je vois toujours venir Luciana quand sonne minuit, que je sois chez moi ou chez les autres, que je sois à Tortoni ou à l'Opéra ?

— C'est tout simple ; tu as toujours Luciana dans le cœur et tu vois toujours Luciana.

— Ce n'est pas un jeu de mon imagination, car je la vois apparaître, même quand je ne pense pas à elle. Hier, j'étais à l'Ambigu, car je ne sais comment tuer mon temps. Il était minuit quand la toile s'est levée pour la dernière fois ; eh bien ! là où tous les spectateurs ont vu madame Lacressonnière à demi submergée, moi j'ai vu Luciana qui lavait son sang dans la mer.

— Je crois à tout ce que tu me dis ; mais je te réponds que, si tu veux rester ici jusqu'à minuit, tu ne verras pas apparaître mademoiselle Mariani. J'ai bien peur, mon pauvre Horace, que la légende que je t'ai bêtement racontée au château de la *Favorite* ne soit la cause première de toutes ces visions. Veux-tu que je te confie un secret : c'est qu'il n'y a pas un mot de vrai dans toute cette légende.

— C'est comme toutes les légendes. Ce sont des contes qui sont des contes si on se tient ferme dans le monde visible et palpable, mais qui deviennent des histoires souvent terribles quand on s'aventure dans le monde des esprits.

— Mon cher ami, la légende de la *Favorite* n'est même pas une légende comme les autres, car je l'ai racontée tout en l'inventant.

— Voilà un beau mensonge. Tu voudrais bien me faire croire à ton imagination.

— Sérieusement, est-ce que tu as attaché la moindre croyance à toutes ces casseroles qui dansent la sarabande quand sonne minuit, à ce spectre du capitaine Wilfrid qui vient, comme la statue du Commandeur, s'asseoir à la table de la margrave Sibylle?

— Oui, je crois à tout cela.

— Toi qui riais à si belles dents de la peur de ce vieux soldat, qui n'avait pas eu peur des grenadiers de Napoléon, et qui faillit mourir d'épouvante en voyant passer gravement, la main dans la main, les spectres de la princesse et du capitaine!

XLV

MINUIT

On apporta les journaux du soir; la conversation changea de sujet, nous parlâmes à perte de vue sur les Chinois, ce grand peuple qui a fait son temps et qui abdique.

Vers onze heures, l'ami qui avait dîné avec nous prit son chapeau et demanda à Horace s'il voulait descendre les Champs-Élysées. Horace répondit qu'il partirait plus tard, croyant échapper, grâce à moi, à sa vision nocturne. J'étais le premier ami à qui il confiât ses apparitions de mademoiselle Mariani. Je l'avais malgré lui rassuré; il ne croyait plus qu'à moitié aux fantômes.

Vers onze heures et demie, comme nous feuilletions ensemble d'anciennes gravures, il pencha la tête et s'endormit. Je contemplai alors, sans l'inquiéter, les ravages du mal. Ce beau garçon, d'une santé naguère si robuste, qui pouvait défier toutes les folies de la jeunesse sans être entamé, était maintenant un roseau. Ses cheveux autrefois gaiement hérissés, retombaient mollement déjà plus clair-semés. Sa figure, que j'avais toujours vue légèrement empourprée par un sang généreux, était plutôt de marbre que de chair.

Tout dans son attitude révélait une blessure profonde, sinon mortelle.

Je me promis de ne pas l'éveiller, du moins avant minuit et demi, pour lui prouver qu'il n'était pas maître de son imagination. J'arrêtai la pendule, pour qu'elle ne l'éveillât pas par sa sonnerie et pour le tromper moi-même sur l'heure.

Mais, à ma grande surprise, quand il fut minuit, — je venais de regarder ma montre, — il ouvrit ses grands yeux expressifs et regarda vers la porte du salon.

— Pardieu ! lui dis-je gaiement, ne vas-tu pas voir entrer mademoiselle Mariani ?

Sa figure était devenue plus sévère que jamais. On voyait sur ses traits l'oppression de son cœur.

— C'est étrange, dit-il; n'as-tu pas entendu du bruit vers la porte ?

— Tu as rêvé cela, mon cher Horace; c'est le bruit des gravures que je remets dans le carton.

— Mais non, écoute plutôt.

Il parlait d'un air si convaincu, que je me laissai, je l'avoue, prendre à son émotion.

— Je t'avertis qu'il n'est pas minuit, dis-je d'un air dégagé, mais d'une voix mal accentuée.

La vérité, c'est qu'il était minuit moins quelques secondes.

— La voilà ! s'écria-t-il en levant les bras. Ne vois-tu pas? toute blanche ! Ah ! mon cher, que je suis malheureux !

Et Horace se jeta dans mes bras en fondant en larmes.

— Je t'avais bien dit que je la verrais toujours, que je la verrais partout. Est-ce que tu ne sens pas autour de nous une odeur sépulcrale ?

— L'odeur des vieilles gravures que nous remuons depuis une heure.

— Tu n'as rien vu, toi?

— Pas un atome. La raison, vois-tu, c'est que je suis mieux éveillé que toi.

Je répondais à Horace avec quelque distraction, car j'étais très-préoccupé de la porte du salon, qui s'était ouverte à demi; je n'en disais rien à Horace, mais il ne manqua pas de faire tout haut la même remarque.

— Et cette porte, qui donc l'a ouverte ? si ce n'est elle.

— Cette porte ? Édouard l'aura mal fermée en s'en allant, et il n'a fallu qu'un courant d'air pour l'entr'ouvrir.

— Tu avoueras, au moins, qu'il est bien étrange que ce miracle se soit fait à minuit.

— Je t'ai déjà dit qu'il n'était pas minuit. Vois plutôt la pendule.

— Ta pendule ne va pas, vois plutôt ma montre.

La montre d'Horace marquait minuit et une minute.

XLVI

LES MORTS VONT VITE!

Nous descendîmes ensemble; je le conduisis jusqu'à l'obélisque pour respirer l'air vif. Je n'avais pas eu peur, puisque je n'avais rien vu; mais j'étais obsédé par les mille et une rêveries hoffmanesques.

Quelques jours après, je rencontrai Horace à Tortoni.

— Tu es seul? lui dis-je.

— Oui, me répondit-il. J'attends mon heure ici, car je n'ai plus la force de rester chez moi quand sonne minuit.

— Tu n'attendras pas longtemps, car je crois qu'il est minuit.

— Non, il n'est pas minuit ; je n'ai pas besoin de regarder à ma montre pour le savoir. Veux-tu prendre un sorbet?

Nous étions assis devant le perron. La journée avait été tiède ; les voitures qui venaient du bois et des boulevards se croisaient avec quelque bruit en face de nous. Le prince ***, que nous avions connu à Bade, était assis à la table voisine et prétendait reconnaître ceux qui passaient en calèche. Il inventoriait avec beaucoup d'esprit tout le personnel du monde parisien qui commence à l'Opéra et qui finit à l'Arc de Triomphe. Il n'y a que les étrangers qui sachent bien leur Paris.

— Le prince Ghika, madame Manoel de Grandfort, l'ambassadeur d'Espagne, mademoiselle Ozi, M. Camille de Polignac, le duc de Guiche, madame Mariani et sa fille...

— Chut! dis-je en saisissant la main du prince ; vous ne savez donc pas que mademoiselle Mariani est morte?

— Non, j'arrive d'Amérique.

Horace m'avait saisi l'autre main. Je crus sentir le froid du marbre.

— Eh bien! me dit-il, que penses-tu de cette nouvelle apparition, car minuit vient de sonner, et j'ai vu, comme ton voisin, passer Luciana Mariani et sa mère,

— Vous avez vu deux femmes dans une calèche?

— J'ai vu Luciana, te dis-je. Je n'affirme pas que l'autre femme fût madame Mariani, mais j'ai reconnu Luciana, qui s'est retournée vers moi et qui m'a montré sa robe sanglante. Adieu, ne parlons plus de cela, car je n'aime pas les gens qui ont des yeux pour ne pas voir.

— N'en parlons plus, lui dis-je, mais viens demain dîner avec moi.

— Tu demeures bien loin.

— Oui, mais comme on est affamé quand on arrive jusque-là !

— C'est moi qui vous retiens à dîner, dit le prince à Horace. Vous viendrez tous les deux. Après dîner, nous irons au Cirque voir gambader les chiens.

Horace s'en alla après avoir accepté l'invitation. Quand il se fut éloigné, je demandai sérieusement au prince s'il avait cru voir passer mademoiselle Mariani.

— Très-sérieusement. Si c'eût été la première venue, la première venue lui ressemblerait; mais mademoiselle Mariani avait une figure qui n'a pas sa pareille à Paris.

— Vous ne croyez pas aux revenants?

— Peut-être. Mais puisque vous venez dîner demain chez moi avec Horace, nous verrons s'il faut y croire.

XLVII

MADEMOISELLE ARMANDE

Le lendemain, à sept heures, je rencontrai Horace dans l'escalier du prince. Son regard n'avait plus sa belle limpidité et sa figure était plus pâle encore que la veille.

— Est-ce que tu souffres? lui dis-je en lui serrant la main.

— Non, me répondit-il. Du moins, je ne sais si je souffre; je ne me sens plus. Je me trompe, je sens mon cœur qui bat. Ce prince demeure bien haut pour un prince.

— Il a raison ; moi, je ne peux vivre que sur une montagne.

— Oh ! toi ! je ne désespère pas de te voir habiter un jour la plate-forme de l'Arc de Triomphe.

Je venais de sonner quand une jeune dame qui nous suivait de près nous pria gaiement d'aller à son secours, parce qu'elle ne pouvait monter plus haut.

Horace la regarda sans descendre d'une marche.

— C'est étonnant, me dit-il ; ne trouves-tu pas qu'elle ressemble à cette pauvre Luciana ?

— Pas beaucoup, lui dis-je ; si ce n'est qu'elle est brune et blanche. C'est mademoiselle Armande, la princesse du prince ; tu ne la reconnais pas ? Nous avons dîné avec elle au petit Moulin-Rouge.

La dame était arrivée jusqu'à nous. Elle prit la main d'Horace et la porta familièrement à son cœur ; mais, quoique le cœur fût bien placé, — dans un pays fertile, — Horace retira sa main comme si mademoiselle Mariani se fût trouvée là.

Le prince nous attendait avec un dîner de prince, un dîner simple, mais sérieux, avec du vin qui avait de la vigne et qui avait de la cave.

Pendant le dîner, il ne fut question ni de Bade, ni du château de la Favorite, ni de mademoiselle Mariani, ni même de l'opéra où dansait mademoiselle Armande.

On parla peut-être des Hottentots et de leur avenir

à travers les générations, je ne m'en souviens pas. Après le dîner, la *princesse* demanda la voiture du prince pour aller pendant une heure à l'Opéra décourager sa meilleure amie qui débutait.

— Maintenant qu'il n'y a plus que des esprits forts, dit le prince après avoir reconduit la danseuse, le moment est venu de parler des apparitions d'Horace. Je n'ai jamais cru aux revenants ni aux spectres, car les docteurs allemands n'ont pas confondu ces deux mots.

Et le prince, qui était savant, parla à perte de vue de toutes les controverses des mythographes, des philosophes, des démonographes et des astrologues, sur les spectres et sur les revenants.

Que sait-on ! Les prêtres égyptiens, les jours de sacrifices, faisaient trembler la terre et marcher les choses inanimées, à peu près comme on fait tourner les tables aujourd'hui. Mais les prêtres égyptiens avaient plus étudié la physique que la métaphysique. Je ne veux pas nier que dans les poëtes de l'antiquité on ne rencontre à chaque page : *Manes, umbræ, simulacra.* Le christianisme, avec son jugement dernier, a peuplé les églises et les cimetières d'ombres errantes, qui attendent la résurrection des corps. Le diable avec ses sabbats a peuplé les forêts de sorcières et de farfadets. Platon et Aristote, Lucien et Pline n'étaient pas bien sûrs de ne pas croire aux esprits, car ils ont tous raconté des histoires de spectres ; Romulus avait plus peur de l'ombre de Rémus que de tous les peuples de la terre ; César n'aimait pas les rêveries nocturnes ; Turenne riait des revenants en plein midi, mais ne se fût aventuré à minuit ni dans une église ni dans un cimetière ; Hobbes, qui ne croyait guère à Dieu, croyait aux ombres ; le Régent n'osait marcher dans la nuit, même au Palais-Royal, disant que, si le jour appartient à l'esprit, la nuit appartient aux esprits.

Nous entrâmes tour à tour dans le laboratoire de Faust et dans le cabinet de Swedenborg.

— Moi, dis-je, je ne crois qu'au spectre solaire.

— Et moi, dit Horace en essayant de rire, je crois au spectre qui danse sur les rayons de la lune.

— Et moi, dit le prince, je crois que l'imagination comme les songes, quand elle n'est pas bridée par le mors d'acier de la raison, nous joue beaucoup de comédies impossibles.

— Croyez-vous donc que je sois fou ? s'écria Horace avec impatience.

— Non, certes, lui dis-je ; mais tu as le cœur blessé, tu te replies sur toi-même et tu aimes les ténèbres. Un matin, peut-être demain, peut-être dans six mois, peut-être dans un an, le jour se refera autour de toi et tu seras bien étonné de toutes ces visions qui ont peuplé ta solitude.

Horace leva les épaules et s'en alla continuer son rêve sur le balcon.

— Il n'est pas fou, mais il le deviendra, me dit le prince. J'ai mon idée. Mademoiselle Armande va revenir tout à l'heure. Elle ressemble vaguement à mademoiselle Mariani. Elle a une robe de crêpe blanc ; je lui dirai de se coiffer à l'antique, comme la maîtresse d'Horace...

— Il ne s'y méprendra pas, dis-je.

— Peut-être. A minuit, elle ouvrira la porte et passera par le grand salon qui est à peine éclairé par la glace sans tain. Horace entendra ouvrir la porte ; dès qu'il verra apparaître Armande, il ne manquera pas de s'écrier que c'est mademoiselle Mariani.

— Je comprends ; nous partirons d'un grand éclat de rire, vous, mademoiselle Armande et moi.

— Je sais que je risque gros jeu, car j'encours la vengeance des spectres, mais en vérité il faut en délivrer Horace.

XLVIII

MADEMOISELLE ARMANDE ET MADEMOISELLE MARIANI

Vers onze heures on sonna ; c'était mademoiselle Armande. Le prince me laissa avec Horace et s'en alla préparer sa comédie. Quand il revint, Horace avait pris sa canne et son chapeau pour descendre.

— Tout à l'heure, dit le prince, car je descendrai avec vous. J'ai promis à Armande d'aller la prendre chez une de ses amies où l'on soupe.

Une demi-heure nous séparait de minuit. Nous eûmes toutes les peines du monde à renouer le fil vingt fois rompu de la conversation. Nous revînmes, sans le vouloir, aux apparitions, après avoir parlé chevaux, chasse et châteaux. Nous regrettions cette vie insouciante et devenue impossible des anciens châteaux où la Belle au Bois dormant pouvait se réveiller, après un siècle de sommeil, sans trouver que les modes, les habitudes et les idées eussent beaucoup changé.

— Oui, dit Horace tout à son idée fixe, c'était le bon temps où les portraits des aïeux se détachaient de leurs cadres pour causer de leurs petits-enfants ; où les nymphes toutes nues des tapisseries venaient se chauffer aux dernières braises.

Cependant l'aiguille marquait minuit moins une minute. Depuis quelques instants, nous avions pu remarquer qu'Horace cherchait à dominer une grande agitation. Il se leva comme pour échapper à lui-même ou plutôt comme pour repousser toute la légion d'esprits qui l'envahissaient.

Le marteau de la pendule frappa un premier coup sur le timbre mélancolique.

Horace leva la tête et écouta.

Le prince fit semblant de lire un journal ; je m'accoudai sur la table comme en proie à une subite rêverie.

Le marteau frappa douze coups.

A cet instant, Horace, qui se promenait toujours dans le salon, s'arrêta court comme s'il eût entendu un bruit inaccoutumé.

C'était la porte du second salon qui s'ouvrait.

Mademoiselle Armande passa avec la légèreté d'une danseuse devant la glace sans tain. Ce n'était pas une emme, c'était une vision, avec sa robe blanche et sa pâleur, car elle s'était peint la figure.

Dès que nous la vimes paraître, Horace jeta sa main sur ses yeux avec épouvante.

— O mon Dieu, c'est horrible ! s'écria-t-il.

Nous voulions éclater de rire ; mais il nous glaça de surprise en nous disant :

— C'est horrible ! elles sont deux.

XLIX

DE L'IMMORTALITÉ DE L'AME

Je lui pris la main, et je voulus le conduire jusqu'à mademoiselle Armande ; mais il repoussa ma main et recula, dans son épouvante, jusqu'à l'autre bout du salon.

Mademoiselle Armande vint vers nous, épouvantée elle-même par le cri d'Horace, mécontente d'ailleurs du rôle qu'on lui avait fait jouer, car elle croyait aux revenants.

— Monsieur Horace, n'ayez pas peur de moi ; c'est une simple comédie.

Horace fit un pas vers la danseuse.

— Je n'ai pas peur de vous, dit-il en essayant de sourire ; mais j'ai peur de celle que j'ai vue auprès de vous.

— Est-il possible que vous ayez vu deux femmes?

— Sur ma mère, je vous le jure! Dites-moi que je suis fou, j'aime mieux cela. Oui, quand la porte s'est ouverte, j'ai vu peu à peu se dessiner deux formes blanches, j'ai vu deux fois la figure de mademoiselle Mariani. Maintenant que je reconnais mademoiselle Armande, je m'explique cette double vision. Vous avez voulu me guérir, vous m'avez fait plus malade.

Et se tournant vers nous :

— Que dites-vous de cela, messieurs les sceptiques?

Et nous voilà nous perdant encore dans les régions de l'inconnu.

— Le monde invisible n'est invisible que pour ceux qui ne savent pas voir, dit Horace; mais c'est la grande muraille de la Chine qui n'empêche pas les Chinois de voir les Tartares. Il faut être initié : l'initiation, c'est la volonté. Les cabalistes forçaient l'âme matérielle des morts à revenir sur la terre par la main du commandement. Mais elles reviennent bien toutes seules quand c'est pour crier vengeance, quand c'est pour crier justice, quand c'est pour prédire un malheur.

— C'est vrai, dis-je. Le remords n'est pas seulement dans l'âme du criminel, il est tout autour de lui. Les ombres vengeresses le poursuivent tant qu'il ne s'est pas jeté la face contre terre dans le repentir le plus absolu. « Sois prêt à me venger lorsque tu m'auras entendu, » dit l'ombre à Hamlet. Tous les poëtes, ces cabalistes d'un autre ordre, ont ainsi amené les mânes des victimes à demander vengeance comme si la mort ne les eût pas délivrées de l'action du criminel. Mais tout cela, mon cher Horace, c'est de la poésie. Pourquoi discuter les hallucinations de ces autres mangeurs d'opium qu'on nomme poëtes?

— Il n'y a qu'un pas de la vie à la mort, dit le prince; il n'y a pas loin non plus de la mort à la vie.

Au moyen âge, on croyait si bien aux rapports des vivants avec les morts, qu'on a été jusqu'à autoriser des mariages entre des personnes mortes et des personnes vivantes.

— Vous ne le croirez pas, reprit Horace, quand je rêve tout éveillé, il m'arrive de me voir avec Luciana, moi vivant, elle morte, doucement réunis dans je ne sais quels hyménées divins. Je ne vivrai pas longtemps, car Luciana m'appelle, et j'ai hâte de partir.

LE TESTAMENT D'HORACE

Le lendemain, Horace retourna en Bourgogne, où déjà, on le sait, il avait passé quelques jours pour oublier. Mais il n'avait pas oublié ; mais il n'oublia pas. Ce fut en vain qu'il voulut se reprendre à la vie de famille ; son père lui donna son fusil et ses chiens ; sa mère le berça dans sa sollicitude et l'endormi dans ses caresses ; sa sœur, qui allait se marier, essaya de créer autour de lui tout un monde peuplé de jeunes espérances. Elle lui fit promettre de danser à sa noce. Mais il n'était pas arrivé depuis huit jours dans sa famille, qu'il tombait malade pour ne plus se relever.

Son agonie dura deux mois.

Il m'écrivit deux lettres qui sont pour ainsi dire sa confession et son testament. Voici la fin de la seconde lettre, datée du 23 janvier :

« N'oublie pas de venir à mon enterrement. Tout à
« l'heure mes quatre médecins, qui sont toujours les
« médecins de Molière, se sont beaucoup apitoyés de-
« vant moi sur la guerre des Indes. Ils se sont dispu-
« tés sur la queue de la comète; les deux plus vieux
« affirmaient que celle de 1811 était beaucoup plus
« longue, tant il est vrai que les choses du passé l'em-
« portent toujours sur celles du présent, pour ceux
« qui s'en vont. — Ah ! mon cher ami, il est triste de
« s'en aller, mais il est triste de rester quand on a mal
« joué son jeu dans la vie. — Donc, je m'en vais : si tu
« veux me dire adieu, viens après-demain avant mi-
« nuit, car ce sera ma dernière heure. Je n'ai pas be-
« soin de te dire que je meurs visionnaire ; mais,
« rassure-toi, *je ne reviendrai pas*.

« Luciana m'a dit : *Je pars, mais je reviendrai*. Je
« pars à mon tour pour qu'elle ne revienne plus.

« As-tu lu l'Apocalypse de saint Jean? Dieu promet
« au grand visionnaire de montrer son amour à ses
« élus. Il leur fera un présent digne de leurs œuvres.
« — Je leur donnerai, dit Dieu, l'Étoile du matin. —

« Je sens que vais à l'Étoile du matin. Quel est donc
« le poëte qui dit, devant la nuit de la tombe :

Tu me réveilleras, aurore aux doigts de rose !

« Moi aussi je crois au lendemain : la blanche aurore
« aux doigts de rose, c'est Luciana qui m'appelle.

« N'entre pas, si tu veux, dans l'église de Sweden-
« borg, mais ne ris pas trop sur le seuil. Le dogme de
« Swedenborg a ses racines dans la science et dans la
« philosophie. Mourir, pour lui, ce n'est pas renaître,
« c'est continuer de vivre. Somnambule lucide de l'é-
« ternité, il voit par delà le temps ce qui se passe dans
« les espaces célestes. Swedenborg n'est, du reste, pas
« le seul qui ait placé chez l'homme un œil intérieur.
« Tous les visionnaires partagent sa confiance. Chaque
« homme a en lui la pythonisse de l'avenir. Il faut seu-
« lement l'évoquer; il faut lui fournir le trépied d'or
« pour qu'elle rende ses oracles. Swedenborg, lui, a
« beaucoup vu, parce qu'il a beaucoup aimé. L'amour
« est la fenêtre de l'âme; quand cette fenêtre s'ouvre,
« la lumière entre, — cette lumière, dit Swedenborg,
« c'est Dieu lui-même. —

« Si tu parles quelquefois de mademoiselle Mariani,
« tu diras que c'était une belle âme, car elle est morte
« avec l'héroïsme de Lucrèce. Ah ! cher ami, comme
« je l'ai aimée depuis qu'elle est morte ! Qui aurait cru,
« l'an passé, au château de la *Favorite*, que je tuerais

« cette pauvre Luciana et qu'elle me tuerait à son
« tour! Oh! la destinée! si je n'avais pas fait sauter la
« banque ce jour-là, je ne me fusse pas pris à l'amour
« de mademoiselle Mariani. Un as de pique au lieu
« d'une dame de cœur, et je ne la rencontrais pas;
« un brave garçon l'épousait avec religion, elle était
« heureuse dans le mariage, et elle donnait sa belle
« âme à ses enfants. Moi, je m'en revenais à Paris, où
« mon père m'attendait, et j'avais honte de mon
« désœuvrement, et je prenais la vie au sérieux, et
« ma mère ne se cacherait pas la tête dans les mains
« pour pleurer comme elle fait à cette heure.

« Adieu! adieu! Si tu retournes à Bade, mets pou
« moi cinq louis sur le numéro 26, car je meurs à
« vingt-six ans. Si le numéro 26 sort, tu donneras
« 3,600 francs au premier pauvre que tu rencon-
« treras. »

Horace mourut, comme il l'avait prédit, le samedi,
à minuit.

Mademoiselle Mariani était-elle vengée?

ÉPILOGUE

Le lecteur n'a peut-être pas oublié que cette histoire fut racontée dans un salon du faubourg Saint-Germain, par un secrétaire d'ambassade, devant un auditoire très-varié, qui, sans doute, avait peu vécu entre Tortoni et l'Opéra.

Si personne n'avait demandé ses chevaux, comme M. de Buffon à la lecture de *Paul et Virginie*, plus d'un avait marqué son impatience.

— J'ai fini, dit tout à coup le secrétaire d'ambassade. Maintenant, si vous voulez voir le portrait de mademoiselle Mariani, le voilà.

Et il se mit à dessiner d'un crayon très-caressant cette belle figure de Luciana qui est reproduite en tête de ce volume.

— C'est bien elle, reprit-il; j'ai saisi très-fidèlement les traits et l'expression.

Tout le monde admira mademoiselle Mariani sous le crayon de son historien.

— Mais la moralité? dit un gentilhomme bourgeois qui avait beaucoup dormi.

— Je vous avoue, messieurs qui êtes en souci de moralité, que je ne me suis préoccupé que de la vérité en vous disant cette histoire. Vous avez parlé de la vengeance des femmes, je vous ai raconté celle-ci, qui va jusqu'à l'héroïsme, puisqu'il y a là tous les sacrifices, même celui de la vie, même celui de l'honneur.

— La moralité, dit M. Prudhomme (car M. Prudhomme a fait souche ; on rencontre aujourd'hui ses descendants dans toutes les régions du peuple le plus spirituel de la terre) ; la moralité, c'est ce dont se préoccupent le moins les conteurs d'aujourd'hui. On manque de respect aux dames ; on ne cueille plus d'une main délicate la fine fleur de la galanterie ; on semble méconnaître les vertus de ce sexe enchanteur à qui nous devons notre mère, si je puis m'exprimer ainsi après le poëte des femmes.

Le secrétaire d'ambassade voulut bien se mettre au niveau du défenseur des dames.

— Mais, monsieur, il me semble que je n'ai pas offensé le « sexe enchanteur » dont vous prenez si poétiquement la cause? J'ai, Dieu merci, mis des robes assez montantes à mes phrases.

— Permettez, monsieur, dit un ci-devant jeune homme qui prenait le masque d'un sage, vous nous avez conduit au bal de l'Opéra et chez madame la Roche-Tarpéienne ; nous n'avons pas l'habitude de faire de pareils pèlerinages. En vérité, la passion altière et sauvage de votre héroïne n'est plus de saison.

— Monsieur, si vous ne comprenez pas les grands caractères, ceux-là qui dépassent le diapason par leur passion ou par leur vertu...

— Monsieur ! interrompit le descendant de Joseph Prudhomme, osez-vous bien prononcer ce beau mot de vertu en face de mademoiselle Mariani?

— Oui, monsieur, puisque vous voulez des points sur les *i*, je dis comme Horace : que mademoiselle Mariani a eu la vertu de

Lucrèce dans son héroïque vengeance. N'est-ce donc pas la vertu de l'âme de tout sacrifier à une immortelle passion, quand on sait le prix de son sacrifice? Savoir aimer ainsi, ce n'est pas s'abaisser, c'est s'élever. Je crois que mademoiselle Mariani eût mieux fait de rester chez sa mère et d'y mourir de chagrin, puisqu'elle ne pouvait survivre aux trahisons d'Horace. Mais elle n'aurait pas frappé Horace du même coup. Si vous ne comprenez pas cette grandeur-là, je vous renvoie à toutes les histoires affadissantes des romanciers de demoiselles. Voilà les conteurs dangereux. Ils endorment mollement les imaginations; ils versent, par leurs rêveries énervantes, la volupté dans les âmes; au lieu d'armer le cœur par les grands exemples, ils l'assiégent par les niaiseries sentimentales.

— C'est bien là mon opinion, dit la jeune fille, — cette jeune fille qui n'avait pas oublié son catéchisme. — La mort de mademoiselle Mariani est une grande leçon pour celles qui ne prennent pas la force de dominer leur cœur.

— Chut! dit une duchesse, voilà une petite fille qui s'avise d parler du cœur humain. Mais vous avez raison, mon enfant; l cœur est un mauvais compagnon de voyage, qui n'aime que le abîmes. Pour moi, je préférerais conduire une calèche à quatr chevaux dans les Champs-Élysées que de conduire mon cœur dans l'enfer parisien; aussi, quand je sors, je ne lui permets jamais de sortir avec moi.

Un jeune homme, qui était demeuré silencieux à la cheminée, prit ainsi la parole :

— Je ne sais pas si l'histoire de mademoiselle Mariani sera le salut de quelques-unes de ces jeunes filles qui aiment trop la valse à deux temps et qui s'abandonnent doucement au danger de la traversée, croyant qu'il est toujours temps de retrouver le rivage; ce que je sais, c'est que l'histoire d'Horace est un peu notre histoire à tous depuis dix ans. Nous avons vécu de cette folle existence qui éparpillait notre âme et notre cœur.

Il y a vingt ans, c'était le mal de la vie qui décimait les meilleures intelligences; mais au moins c'était un mal divin, si je puis dire; c'était le mal de Mignon aspirant au pays natal, aspirant au ciel, aspirant à l'infini. Aujourd'hui, le mal est plus terrible, parce qu'il est meilleur camarade au premier abord. Il s'accroche à nous au sortir du collége; il nous allume notre cigare sur le chemin de l'École de droit; il nous enseigne es lois du Château-des-Fleurs; il nous apprend à dénouer les masques au bal de l'Opéra; il nous prête de l'argent pour jouer à Bade; il nous initie à la science, inconnue jusqu'ici, de mettre des rubans à notre boutonnière sans y avoir aucun titre, ni par le travail, ni par l'héroïsme, ni par le génie. Ce gai, ce triste camarade, qui se moque de la veille et qui brave le lendemain, qui fait du jour la nuit et de la nuit le jour, comme s'il avait peur de la vraie lumière; ce mauvais esprit qui a baptisé l'enfant prodigue et la courtisane, ce fléau qu'il faut combattre jusqu'au seuil de la famille, est-ce que j'ai besoin de vous dire comment il s'appelle? Il s'appelle le DÉSŒUVREMENT.

Et, se tournant vers le secrétaire d'ambassade, le jeune homme ajouta:

— Monsieur, je vous remercie de nous avoir dit cette histoire.

FIN

TABLE

Prologue. 1
   I. — Le comte Horace de ***. 3
  II. — Où la fortune se présente en dame de cœur. . . 7
 III. — Mademoiselle Luciana Mariani. 15
  IV. — La légende de la Favorite. 20
   V. — Les soupers nocturnes. 25
  VI. — Premier coup de soleil. 27
 VII. — Mademoiselle Olympe. 30
VIII. — Les salons dorés au procédé Ruolz. 34
  IX. — Où mademoiselle Mariani oublie Bossuet. . . . 39
   X. — Les premières larmes de l'amour. 44
  XI. — Les vérités mensongères. 48
 XII. — L'équipée de Cendrillon. 52

TABLE

XIII.	— Le bal de l'Opéra et le bal de l'Hôtel de Ville.	56
XIV.	— De l'influence de l'atmosphère sur le cœur humain.	62
XV.	— D'une académie — grecque à Paris.	65
XVI.	— La jalousie vénitienne.	69
XVII.	— La confession d'une enfant du siècle.	73
XVIII.	— La page du bonheur.	77
XIX.	— Que les jeunes filles ont beaucoup de peine à payer leurs rubans.	80
XX.	— Les portraits au pastel.	84
XXI.	— Mademoiselle de Montducaton.	89
XXII.	— La théorie du mariage à l'épreuve.	96
XXIII.	— L'esprit et le cœur.	101
XXIV.	— Comment Hector remplit le rôle du destin.	107
XXV.	— Où M. H*** évoque le diable.	114
XXVI.	— Philosophie transcendante d'un salon à la mode.	120
XXVII.	— De M. Thémistocle, académicien grec.	130
XXVIII.	— Le réveil.	137
XXIX.	— Le stylet circassien.	140
XXX.	— Le mariage d'Hélène.	14
XXXI.	— La porte de l'enfer.	150
XXXII.	— La femme déchue.	156
XXXIII.	— Le festin de la Roche-Tarpéienne.	160
XXXIV.	— La Vénitienne après la Persane.	163
XXXV.	— Le châtiment d'Horace.	171
XXXVI.	— Le sang sur les roses.	174
XXXVII.	— Le dernier cri d'amour.	177
XXXVIII.	— La mort de Luciana.	179
XXXIX.	— Horace et Hector.	186

XL. — Le double duel.	192
XLI. — Adieu à celle qui reviendra.	196
XLII. — La lettre de la morte.	200
XLIII. — Aux Champs-Élysées.	203
XLIV. — Les apparitions.	209
XLV. — Minuit.	214
XLVI. — Les morts vont vite!	218
XLVII. — Mademoiselle Armande.	221
XLVIII.— Mademoiselle Armande et mademoiselle Mariani.	226
XLIX. — De l'immortalité de l'âme.	229
L. — Le testament d'Horace.	232

Épilogue. 237

FIN DE LA TABLE.

OEUVRES

DE

ARSÈNE HOUSSAYE

NOUVELLE ÉDITION

CONSIDÉRABLEMENT AUGMENTÉE

ET ORNÉE DE DIX BELLES GRAVURES SUR ACIER

DIX MAGNIFIQUES VOLUMES IN-8 CAVALIER VÉLIN GLACÉ
IMPRIMÉS EN CARACTÈRES NEUFS

Prix de chaque volume : 6 francs.

Sous ce titre : *Mademoiselle de La Vallière et madame de Montespan*, le tome Ier renfermera l'histoire très-étudiée et très-fidèle de ces deux héroïnes de la cour de Louis XIV qui sont mortes en Dieu de leur passion pour le roi. Le tome II, *le Roi Voltaire*, tant lu et tant discuté, est l'histoire philosophique et littéraire du triomphe de l'esprit humain. Le tome III, *le Quarante et unième fauteuil de l'Académie*, est une satire railleuse et savante, je veux dire une justice rendue à tous les hommes illustres, depuis Descartes jusqu'à Béranger, qui n'ont pas été de l'Académie. Le tome IV n'est-il pas un peu l'histoire du dix-huitième siècle? ici les hommes, là les femmes? Ce ne sont que des portraits, direz-vous. Oui, mais faits par un peintre d'histoire. Il n'y a pas d'ailleurs à insister sur ces portraits, qui ont fait la réputation de l'auteur, et dont M. Théophile Gautier a pu dire si justement que c'était autant de petits chefs-d'œuvre qui resteront. Le tome V ne semble-t-il pas l'œuvre d'un autre écrivain? Ces *OEuvres poétiques* nous transportent dans l'antiquité et nous ramènent aux aspirations du dix-neuvième siècle. M. Houssaye n'est pas seulement, comme l'a dit Sainte-Beuve, le poëte de la jeunesse et des roses, c'est le poëte du souvenir et de la passion. De la poésie, nous passons au roman. Le volume des *Romans* renferme beaucoup de drame et beaucoup d'émotion. Ce sont de saisissantes histoires parisiennes où l'auteur semble avoir joué un rôle, tant son style y prend la couleur et l'accent de la vérité. Du roman, nous passons dans l'art. Voici l'histoire très-vraie, quoiqu'elle semble très-romanesque, de ces merveilleux peintres flamands et hollandais qui ont, pour ainsi dire, fondé leur nation. « Vous voyez passer devant vos yeux l'œuvre du peintre, mais le peintre lui-même vous devient familier et vous conte le poëme de sa vie si c'est Rubens, le roman de son cœur si c'est Téniers, les mélancolies de son âme si c'est Ruysdaël. » M. Arsène Houssaye, né voyageur et qui voyage toujours, même quand il est à sa fenêtre, est aussi bon compagnon que Sterne. Le tome VIII renfermera, outre dix contes philosophiques choisis dans ses meilleurs (on pourrait dire la fleur du panier), le *Voyage en Hollande*, le *Voyage à Venise* et le *Voyage à ma fenêtre*. Le tome IX sera l'*Histoire de l'art français*, un livre depuis longtemps promis et attendu. Enfin le dernier volume se composera d'un ouvrage inédit, les *Confessions de ma jeunesse*. M. Arsène Houssaye, qui excelle à peindre des portraits et à tout dire, parce que l'esprit sauve tout, nous montrera, avec la mise en scène qu'il a étudiée en dirigeant le Théâtre-Français, les scènes les plus curieuses de la comédie de notre temps.

L'ARTISTE

29ᵐᵉ ANNÉE

RÉDACTEUR EN CHEF : ARSÈNE HOUSSAYE

BEAUX-ARTS — ROMANS — VOYAGES — PHILOSOPHIE
LE MONDE
LES ACADÉMIES — LES MUSÉES — LE THÉATRE

RÉDIGÉ PAR

JULES JANIN — MÉRY — LÉON GOZLAN
THÉOPHILE GAUTIER — PAUL DE SAINT-VICTOR — ALBÉRIC SECOND
PAUL MANTZ — X. AUBRYET, ETC.

80 GRAVURES SUR ACIER

d'après les meilleurs tableaux de

INGRES — DELACROIX — DECAMPS — DIAZ — LEHMANN — COUTURE
ROSA BONHEUR — GAVARNI — VIDAL — MEISSONNIER, ETC.

---

50 fr. par an, — 25 fr. pour six mois.

L'ARTISTE paraît le dimanche matin, par livraison grand in-4°, accompagné de deux gravures sur acier. (20 portraits chaque année de contemporains illustres.)

On reçoit, en souscrivant, deux magnifiques gravures grand

ornat, dont la valeur représente la moitié du prix de la souscription.

Parmi les 2,500 gravures et eaux-fortes publiées par ce recueil, contentons-nous de citer *les Moissonneurs*, de Léopold Robert, gravure de Mercuri, dont les bonnes épreuves se vendent de 300 à 500 francs : *le Lion amoureux*, de C. Roqueplan, *l'Odalisque*, de Ingres, *la Muse du souvenir*, de Vidal, *les Joueurs de Palets*, de Decamps, les dessins de Lemud et de Gavarni, les eaux-fortes d'Edmond Hédouin, les gravures de Calamatta, de Reynolds, de Metzmacher, de Riffaut et de Geoffroy, *le Harem* et *la Lecture du roman*, de Diaz, *la Marseillaise*, de Charlet, *l'Odalisque*, d'Eugène Delacroix, *l'Orgie romaine*, de Thomas Couture, les eaux-fortes de Meissonnier, etc.

Le prix de L'Artiste est de 50 francs. Ce prix est représenté deux fois par les gravures publiées dans l'année. — La valeur des volumes de l'Artiste augmente de jour en jour dans les ventes publiques.

Le texte, imprimé en caractères serrés, quoique très-nets, contient de 60,000 à 65,000 lettres par livraison. Aucun journal quotidien ne donne, dans toute sa semaine, autant de matière inédite.

Cette matière de 30 à 40 volumes in-8° que publie L'Artiste chaque année est une véritable encyclopédie des arts et des lettres, par les meilleurs écrivains.

On souscrit aux bureaux de L'Artiste, rue Vivienne, 55, à l'année ou au volume.

Chaque année forme un ouvrage complet en 3 volumes in-4° et 80 gravures sur acier.

LE PRIX DE CHAQUE VOLUME, FRANCO, EST DE 20 FRANCS.

PARIS. — TYP. SIMON RAÇON ET COMP., RUE D'ERFURTH, 1.

CATALOGUE

DE LA

LIBRAIRIE

DE

MICHEL LÉVY

FRÈRES

ÉDITEURS

PARIS

RUE VIVIENNE, 2 BIS

JUILLET 1859

NOUVEAUX OUVRAGES EN VENTE

Format in-octavo

*** fr. c.
ÉTUDES SUR LA MARINE. 1 vol. . . . 7 50

ERNEST RENAN.
ESSAIS DE MORALE ET DE CRITIQUE. 1 v. 7 50

PREVOST-PARADOL.
ESSAIS DE POLITIQUE ET DE LITTÉRATURE. 1 volume. 7 50

Mme DU DEFFAND.
CORRESPONDANCE INÉDITE avec la Duchesse de Choiseul et l'abbé Barthélemy, avec une notice par M. de Sainte-Aulaire. 2 volumes. . . . 15 »

M. GUIZOT.
MÉMOIRES POUR SERVIR A L'HISTOIRE DE MON TEMPS. — Tome II. 1 vol. 7 50

HISTOIRE DE LA FONDATION DE LA RÉPUBLIQUE DES PROVINCES-UNIES, par J. Lothrop Motley, trad. nouvelle, avec une grande introduction, tomes 1 et 2. — 2 vol. . . . . 12 »

***
MADAME LA DUCHESSE D'ORLÉANS, HÉLÈNE DE MECKLEMBOURG-SCHWERIN (6e édition). 1 volume. . . . . 6 »

DUVERGIER DE HAURANNE.
HISTOIRE DU GOUVERNEMENT PARLEMENTAIRE EN FRANCE. Tome III. 1 v. 7 50

LE COMTE D'HAUSSONVILLE
HISTOIRE DE LA RÉUNION DE LA LORRAINE A LA FRANCE, avec des notes, pièces justificatives, dépêches et documents historiques inédits, tome IV et dernier. 1 volume. . . 7 50

***
ALESIA, Étude sur la septième campagne de César en Gaule, avec une préface et deux cartes, 1 volume. 6 »

J. J. AMPÈRE.
CÉSAR, scènes historiques. 1 volume. 7 50

LE COMTE DE MARCELLUS.
CHATEAUBRIAND ET SON TEMPS. 1 vol. 7 50

LOUIS REYBAUD.
ÉTUDES SUR LE RÉGIME DES MANUFACTURES; condition des ouvriers en soie. 1 volume. 7 50

LE PRINCE EUGÈNE.
MÉMOIRES ET CORRESPONDANCE POLITIQUE ET MILITAIRE, publiés par A. Du Casse. Tome VI. Un volume. . 6 »

Format grand in-18

D. NISARD. fr.
de l'Académie française.
ÉTUDES D'HISTOIRE ET DE LITTÉRATURE. 1 volume. 3

ALPHONSE ESQUIROS.
LA NÉERLANDE ET LA VIE HOLLANDAISE. 2 vol. 6

HECTOR MALOT.
LES VICTIMES D'AMOUR. — LES AMANTS. 1 volume. 3

ARSÈNE HOUSSAYE.
MADEMOISELLE MARIANI. 1 volume. . . 3

H. BLAZE DE BURY.
INTERMÈDES ET POÈMES. 1 volume. . 3

GRÉGOROVIUS.
Trad. de F. Sabatier.
LES TOMBEAUX DES PAPES ROMAINS avec une introduction de J. J. AMPÈRE. 1 volume. 3

SAMUEL VINCENT.
DU PROTESTANTISME EN FRANCE, avec une introduction de PREVOST-PARADOL. 1 volume. 3

EUGÈNE FROMENTIN.
UNE ANNÉE DANS LE SAHEL. 1 vol. . 3

A. THIERS.
HISTOIRE DE LAW. 1 volume. . . . 3

JULES SANDEAU.
LA MAISON DE PENARVAN. (4e édition). 1 volume. 3

OCTAVE FEUILLET.
LE ROMAN D'UN JEUNE HOMME PAUVRE, (12e édition). 1 volume. 3

CUVILLIER-FLEURY.
DERNIÈRES ÉTUDES HISTORIQUES ET LITTÉRAIRES. 2 volumes. 6

A. DE PONTMARTIN.
NOUVELLES CAUSERIES DU SAMEDI. 1 v. 3

VICTOR DE LAPRADE.
IDYLLES HÉROÏQUES. 1 volume. . . . 3

LA PRINCESSE DE BELGIOJOSO
SCÈNES DE LA VIE TURQUE. 1 volume. 3

J. AUTRAN.
LES POÈMES DE LA MER (4e édition). 1 volume. 3

***
LES HORIZONS PROCHAINS (2e édition). 1 volume. 3

CH. NISARD.
MÉMOIRES ET CORRESPONDANCES HISTORIQUES ET LITTÉRAIRES INÉDITS. 1726 à 1816. 1 volume. 3

THÉATRE COMPLET D'ÉMILE AUGIER.
Six jolis volumes in-32. 6

PREMIÈRE PARTIE
Histoire — Littérature — Voyages

OUVRAGES DIVERS

F. GUIZOT. f. c.
Mémoires pour servir à l'histoire de mon temps. 6 beaux volumes in-8. 45 »
Histoire de la Fondation de la République des Provinces-Unies, par *J. Lothrop Motley*, trad. nouvelle, précédée d'une grande introduction. 6 beaux vol. in-8. . . . 24 »
Trois Rois, trois Peuples et trois Siècles (*sous presse*). 1 beau v. in-8. 7 50

VILLEMAIN.
La Tribune moderne. — 1re partie. M. de Chateaubriand, sa vie, ses écrits, son influence littéraire et politique sur son temps. 1 vol. in-8. 7 50
Deuxième partie (*Sous pr.*). 1 v. in-8. 7 50

A. DE TOCQUEVILLE.
L'Ancien Régime et la Révolution. (4e édition). 1 vol. in-8. . . . 7 50

***
Madame la Duchesse d'Orléans, Hélène de Mecklembourg Schwerin (6e édit.) 1 vol. in-8, cavalier vélin... 6 »

SAINT-MARC GIRARDIN.
Souvenirs et réflexions politiques d'un journaliste. 1 vol. in-8. . . 7 50

VICTOR HUGO.
Les Contemplations. 2 beaux v. in-8. 12 »
La Légende des Siècles (*Sous presse*) 2 vol. in-8. . . . . . . 12 »

LAMARTINE.
Geneviève. 1 vol. grand in-8. . . 5 »
Nouvelles Confidences. 1 v. gr. in-8. 5 »
Toussaint Louverture. 1 v. gr. in-8. 5 »

LORD MACAULAY.
Traduit par Guillaume Guizot.
Essais sur l'histoire d'Angleterre. (*sous presse*). 2 vol. in-8. . . . 12 »
Essais sur la littérature anglaise. (*sous presse*). 2 vol. in-8. . . . 12 »
Essais historiques et biographiques. (*Sous presse*). 1 vol. in-8. . . 6 »

***
Études sur la marine. 1 vol. in-8. . 7 50

ERNEST RENAN.
Études d'histoire religieuse. (4e édit.) 1 beau volume in-8. . . . . 7 50
De l'Origine du Langage. (3e édition). 1 vol. in-8. . . . . . 6 »
Averroès et l'Averroïsme, essai historique. 1 volume in-8. . . . 6 »
Histoire et système comparé des langues sémitiques (2e édition, impr. impériale). 1 beau vol. gr. in-8. 12 »
Le Livre de Job, traduit de l'hébreu. 1 beau vol. in-8. . . . . . 7 50
Essais de morale et de critique. 1 beau vol. in-8. . . . . . 7 50
Le Cantique des Cantiques, traduit de l'hébreu et ramené à son plan primitif. 1 vol. in-8. . . . . .

PRÉVOST-PARADOL. f. c.
Essais de politique et de littérature. 1 vol. in-8. . . . . . 7 50

Mme RÉCAMIER.
Souvenirs et Correspondance tirés de ses papiers. 2 vol. in-8. . . 15 »

LOUIS DE VIEL-CASTEL.
Histoire de la Restauration. (*Sous presse*). 8 vol. in-8. . . . 48 »

JULES JANIN.
La Religieuse de Toulouse. 2 v. in-8. 12 »
Les Gaités champêtres. 2 vol. in-8. 12 »

LOUIS REYBAUD.
Études sur le régime des manufactures ; condition des ouvriers en soie. 1 vol. in-8. . . . . . 7 50

L. DE LOMÉNIE.
Beaumarchais et son temps, études sur la Société au 18e siècle, d'après des documents inédits (2e édition). 2 beaux vol. in-8. . . . . 15 »

LE COMTE D'HAUSSONVILLE.
Histoire de la politique extérieure du gouvernement français : 1830-1848, avec documents, notes, pièces justificatives, entièrement inédits. 2 volumes in-8. . . . . 12 »
Histoire de la réunion de la Lorraine a la France, avec des notes, pièces justificatives, dépêches et documents historiques entièrement inédits. 4 beaux vol. in-8. . . . 30 »

J. J. AMPÈRE.
Promenade en Amérique. — États-Unis.—Cuba.—Mexique. (2e édit.) 2 beaux volumes in-8. . . . 12 »
César, scènes historiques. 1 v. in-8. 7 50
L'Histoire romaine à Rome (*sous presse*). 2 volumes in-8. . . . 15 »

DUVERGIER DE HAURANNE.
Histoire du Gouvernement parlementaire en France, 1814-1848, précédée d'une introduction. 3 beaux volumes in-8°. . . . 22 50

LE MARÉCHAL DE SAINT-ARNAUD.
Lettres (1852-1854) avec notes et pièces justificatives. 2e édition, précédée d'une notice par M. S.-Beuve. 2 beaux volumes in-8°, ornés du portrait et d'un autographe du maréchal. . . . . . 12 »

E. DE VALBEZEN.
Les Anglais et l'Inde, avec notes, pièces justificatives et tableaux statistiques. (3e édit.) 1 b. v. in-8. 7 50

J. B. BIOT.
Membre de l'Académie des sciences et de l'Académie française.
Mélanges scientifiques et littéraires. 3 beaux vol. in-8. . . . 22 50

	f. c.
LE PRINCE EUGÈNE.	
Mémoires et Correspondance politique et militaire publiés par A. Du Casse. 8 beaux vol. in-8	48 »
CHARLES NISARD.	
Les Gladiateurs de la République des Lettres (*sous presse*). 2 v. in-8	15 »
Mme DU DEFFAND.	
Correspondance inédite avec la duchesse de Choiseul et l'abbé Barthélemy, avec une introduction de M. de Sainte-Aulaire. 2 v. in-8	15 »
ARSÈNE HOUSSAYE.	
Le Roi Voltaire, son règne, sa cour, ses ministres, son peuple, son dieu, sa dynastie (2e édit.). 1 beau volume in-8	6 »
J. SALVADOR.	
Paris, Rome et Jérusalem, ou la Question religieuse au XIXe siècle (*sous presse*) 2 beaux vol. in-8	15 »
***	
Alesia, Étude sur la septième campagne de César en Gaule. Avec deux cartes. 1 beau vol. in-8	6 »
PHILIPPSON.	
Traduction de L. Lévy-Bing.	
Du Développement de l'idée religieuse 1 volume in-8	6 »
LE COMTE MIOT DE MÉLITO,	
Ancien ambassadeur, ministre, conseiller d'État et membre de l'Institut.	
Ses Mémoires publiés par sa famille, 1788-1815. 3 beaux volumes in-8	18 »
LA PRINCESSE DE BELGIOJOSO	
Asie Mineure et Syrie. Souvenirs de Voyage. 1 beau volume in-8	7 50
IS. BÉDARRIDE.	
Les Juifs en France, en Italie et en Espagne, recherches sur leur état depuis leur dispersion jusqu'à nos jours, sous le rapport de la législation, de la littérature et du commerce. 1 beau vol. in-8	7 50
CHARLES MAGNIN	
Histoire des Marionnettes d'Europe, depuis l'antiquité jusqu'à nos jours. 1 beau volume grand in-8	6 »
LE COMTE DE MARCELLUS.	
Chateaubriand et son temps. 1 beau volume in-8	7 50
Souvenirs diplomatiques. Correspondance intime de M. de Chateaubriand. (Nouvelle édition). 1 beau vol. in-8	5 »
OSCAR DE VALLÉE.	
Antoine Lemaistre et ses Contemporains. — Études sur le dix-septième siècle. (2e édit.) 1 beau vol. in-8	7 50
L. BAUDENS,	
Inspecteur, membre du Conseil de santé des armées.	
La Guerre de Crimée. Les campements, les abris, les ambulances, les hôpitaux, etc. 1 beau vol. in-8	6 »

	f. c.
LE BARON ERNOUF.	
Histoire de la dernière capitulation de Paris. — Événements de 1815. — Rédigée sur des documents entièrement inédits. 1 vol. in-8	6 »
CHARLES DESMAZE.	
Le Parlement de Paris. 1 vol. in-8	5 »
A. PHILLIPPE.	
Royer-Collard. Sa vie publique, sa vie privée, sa famille. 1 vol. grand in-8	5 »
LE COMTE DE MONTALIVET.	
Le Roi Louis-Philippe (liste civile). Nouvelle édit., entièrement revue et considérablement augmentée de notes, pièces justificatives et documents inédits, avec un portrait et un fac simile du roi, et un plan du château de Neuilly. 1 vol. in-8	6 »
DE LATENA.	
Étude de l'homme. 1 v. in-8 (3e édit.)	7 50
LE GÉNÉRAL E. DAUMAS.	
Le Grand Désert, itinéraire d'une Caravane au Caire. 1 vol. gr in-8	6 »
CAMILLE DOUCET.	
Comédies en vers. 2 beaux vol. in-8	12 »
A. MONGINOT,	
Professeur de comptabilité, expert près les cours et tribunaux de Paris.	
Nouvelles études sur la comptabilité. — Tenue des livres, commerciale, industrielle et agricole. 1 beau vol. gr in-8	7 50
AL. COMPAGNON,	
Ancien membre du conseil des Prud'hommes.	
Les Classes laborieuses, leur condition actuelle, leur avenir, par la réorganisation du travail. 1 vol. gr. in-18	2 »
J. BARTHÉLEMY SAINT-HILAIRE.	
Lettres sur l'Égypte. 1 beau v. in-8	7 50
GUSTAVE PLANCHE.	
Portraits littéraires. 2 vol. in-8	7 »
A. BEN-BARUCH CRÉHANGE.	
Les Psaumes, traduction nouvelle. 1 beau vol. in-8	10 »
ALPHONSE OBEZ	
La Femme et l'Enfant, ou Misère entraîne oppression. 1 vol. in-8	5 »
E. LISLE.	
Du Suicide, statistique, médecine, histoire et législation. 1 beau vol. in-8	7 »
ÉMILE DE LATHEULADE	
De la Dignité humaine. 1 v. gr. in-18	3 »
AUGUSTE LUCHET.	
La Côte-d'Or à vol d'oiseau. 1 vol. gr. in-18	3 »
E. V. ARNAULD,	
de l'Académie française.	
Fables. 2 vol. in-18	2 »
Mme ADAM SALOMON.	
De l'Éducation d'après Pan-Hoei-Pan, avec une préface de M. de Lamartine. 1 joli volume in-32	1 »

BIBLIOTHEQUE CONTEMPORAINE

PREMIÈRE SÉRIE

Format grand in-18 anglais, à 2 francs le volume.

ALEXANDRE DUMAS.

	vol.
Acté.	1
Amaury.	1
Ange Pitou.	2
Ascanio.	2
Batard de Mauléon (le).	3
Capitaine Paul (le).	1
Catherine Blum.	1
Cécile.	1
Chevalier d'Harmental (le).	2
Chevalier de Maison-Rouge (le).	1
Collier de la Reine (le).	3
Comte de Monte-Cristo (le).	6
Comtesse de Salisbury (la).	2
Conscience l'Innocent.	2
Dame de Monsoreau (la).	3
Deux Diane (les).	3
Femme au collier de velours (la).	1
Fernande.	1
Frères corses (les).	1
Gabriel Lambert.	1
Gaule et France.	1
Georges.	1
Guerre des Femmes (la).	2
Impressions de Voyage:	
Bords du Rhin (les).	2
Capitaine Aréna (le).	1
Corricolo (le).	2
De Paris a Cadix.	2
Midi de la France.	2
Quinze jours au Sinaï.	1
Suisse.	3
Speronare (le).	2
Une Année a Florence.	1
Villa Palmieri (la).	1
Véloce (le).	2
Isabel de Bavière.	2
Jacques Ortis.	1
Jeanne d'Arc.	1
Maitre d'Armes (le).	1
Mariages du Père Olifus (les).	1
Mémoires d'un médecin (*Joseph Balsamo*)	5
Mille et un Fantômes (les).	1
Olympe de Clèves.	3
Pasteur d'Ashbourn (le).	2
Pauline et Pascal Bruno.	1
Quarante-Cinq (les).	3
Reine Margot (la).	2
Souvenirs d'Antony.	1
Sylvandire.	1
Testament de M. Chauvelin (le).	1
Trois Mousquetaires (les).	2
Tulipe noire (la).	1
Une Fille du Régent.	1
Vicomte de Bragelonne (le).	6
Vingt ans après, suite des Trois Mousquetaires.	3

Mme SURVILLE (née de Balzac).

	vol.
Le Compagnon du Foyer.	1

ÉMILE DE GIRARDIN.

Bon Sens, bonne Foi.	1
Études politiques (nouvelle édition).	1
Le Droit au travail au Luxembourg et à l'Assemblée nationale.	2
Le Pour et le Contre.	1
Questions administr. et financières.	1

ALBERT AUBERT.

Les Illusions de jeunesse de M. Boudin.	1

F. LAMENNAIS.

De la Société première et de ses lois.	1

ÉMILE SOUVESTRE.

Au bord du Lac.	1
Au coin du Feu.	1
Chroniques de la mer.	1
Confessions d'un ouvrier.	1
Dans la Prairie.	1
En Quarantaine.	1
Histoires d'Autrefois.	2
Le Foyer breton.	1
Les Clairières.	1
Les derniers Bretons.	2
Les derniers Paysans.	2
Contes et Nouvelles.	1
Pendant la Moisson.	1
Scènes de la Chouannerie.	1
Scènes de la Vie intime.	1
Sous les Filets.	1
Sous la Tonnelle.	1
Un philosophe sous les toits.	1
Récits et Souvenirs.	1

Mme LA MARQUISE DE LA GRANGE.

La Résinière d'Arcachon.	1

CHARLES PERRIER.

L'Art français au Salon de 1857.	1

CH. DOLLFUS.

Le Calvaire.	1

PAUL FÉVAL.

Le Fils du diable.	4
Les Amours de Paris.	3
Les Mystères de Londres.	2

BABAUD-LARIBIÈRE.

Histoire de l'Assemblée nationale constituante.	2

BIBLIOTHÈQUE CONTEMPORAINE

DEUXIÈME SÉRIE

Format grand in-18 anglais, à 3 francs le volume.

LAMARTINE.
	vol.
Toussaint Louverture, 3ᵉ édition...	1
Geneviève, 3ᵉ édition...	1
Les Confidences, nouvelle édition...	1
Nouvelles Confidences, 2ᵉ édition...	1

∗∗∗
Les Zouaves et les Chasseurs a pied.	1

A. THIERS.
Histoire de Law...........	1

F. PONSARD.
Théâtre complet (2ᵉ édition).....	1
Études antiques..........	1

JULES JANIN.
Histoire de la littérature dramatique...	6
Les Contes du Chalet (sous presse).	1
Barnave (sous presse)........	1

DE STENDHAL (H. BEYLE).
De l'Amour, seule édition complète..	1
Promenades dans Rome, nouvelle édition, avec fragments inédits....	2
La Chartreuse de Parme......	1
Le Rouge et le Noir........	1
Romans et Nouvelles.........	1
Histoire de la peinture en Italie..	1
Vie de Rossini...........	1
Racine et Shakspeare........	1
Mémoires d'un touriste.......	2
Vies de Haydn, de Mozart et de Métastase...........	1
Rome, Naples et Florence.....	1
Correspondance inédite.......	2
Chroniques italiennes........	1
Nouvelles inédites.........	1
Nouvelles et Mélanges.......	1

CHARLES DE BERNARD.
	vol.
Le Nœud gordien..........	1
Gerfaut............	1
Le Paravent...........	1
Les Ailes d'Icare.........	1
L'Écueil............	1
La Peau du lion et la Chasse aux amants............	1
Un Homme sérieux.........	1
Un Beau-Père...........	1
Le Gentilhomme campagnard.....	2
Poésies et Théâtre........	1
Nouvelles et Mélanges.......	1

HENRI CONSCIENCE.
Traduction de Léon Wocquier.
Scènes de la vie flamande......	2
Veillées flamandes.........	1
La Guerre des paysans.......	1

HENRY MURGER.
Scènes de la vie de Bohème.....	1
Scènes de la vie de jeunesse.....	1
Le Pays Latin...........	1
Scènes de campagne........	1
Les Buveurs d'eau.........	1
Scènes de la vie d'artiste (sous presse)............	1

CHARLES REYNAUD.
Épîtres, Contes et Pastorales....	1
Œuvres inédites..........	1

HENRI HEINE.

	vol.
De l'Allemagne (nouvelle édition, entièrement revue et considérablement augmentée)........	2
Lutèce, lettres sur la vie sociale en France........	1
Poèmes et Légendes........	1
Reisebilder, tableaux de voyage.	2
De la France........	1

Mme ÉMILE DE GIRARDIN.

Nouvelles (le Lorgnon, etc.)....	1
M. le Marquis de Pontangès....	1
Marguerite ou deux Amours......	1

SAINT-RENÉ TAILLANDIER.

Allemagne et Russie........	1
Histoire et Philosophie religieuse..	1
Études de Littérature étrangère..	1

EDMOND TEXIER.

Critiques et Récits littéraires....	1
Contes et Voyages........	1

ANTOINE DE LATOUR.

Études sur l'Espagne........	2
La Baie de Cadix (Nouvelles Études sur l'Espagne)........	1
Don Miguel de Manara........	1

THÉODORE PAVIE.

Scènes et Récits des pays d'outre-mer........	1
Études et Voyages (sous presse)....	1

EUGÈNE FORCADE.

Études historiques........	1
Histoire des causes de la guerre d'Orient........	1

PROSPER MÉRIMÉE.

Nouvelles........	1
Episode de l'histoire de Russie....	1
Les Deux Héritages........	1
Études sur l'histoire romaine....	1
Mélanges historiques et littéraires..	1

THÉOPHILE GAUTIER.

Les Grotesques........	1
En Grèce et en Afrique (sous presse).	1

MÉRY.

Les Nuits anglaises........	1
Les Nuits italiennes........	1
Les Nuits d'Orient........	1
Les Nuits parisiennes........	1

ALEXANDRE DUMAS FILS.

Contes et Nouvelles........	1

ALPHONSE KARR.

	vol.
Raoul Deslogss........	1
Agathe et Cécile........	1
Les Soirées de Sainte-Adresse....	1
Lettres écrites de mon jardin....	1

OCTAVE FEUILLET.

Scènes et Proverbes........	1
Bellah........	1
Scènes et Comédies........	1
La petite Comtesse, Le Parc, Onesta.	1
Le Roman d'un Jeune homme pauvre.	1

GÉRARD DE NERVAL.

Souvenirs d'Allemagne, Lorely....	1
Les Filles du feu........	1

OSCAR DE VALLÉE.

Les Manieurs d'argent. Études historiques et morales. 1720-1857 (4e édition)........	1

LÉON GOZLAN.

Histoire de 130 femmes........	1
Les Vendanges........	1
Le Tapis vert. — Nouvelles........	1

FEUILLET DE CONCHES.

Léopold Robert, sa vie, ses œuvres et sa correspondance. Nouv. édition.	1

LE GÉNÉRAL DAUMAS.

Les Chevaux du Sahara et les mœurs du désert (3e édition)........	1

FÉLICIEN MALLEFILLE.

Le Collier. — Nouvelles........	1

CH. DE MAZADE.

L'Espagne moderne........	1

J. BARTHÉLEMY SAINT-HILAIRE.

Lettres sur l'Égypte (2e édition)..	1

JULES SANDEAU.

La Maison de Penarvan (4e édition).	1
Catherine........	1
Nouvelles........	1
Un Héritage........	1

LE PRINCE A. DE BROGLIE.

Études morales et littéraires......	1

J. AUTRAN.

Laboureurs et Soldats........	1
Poèmes de la Mer (4e édition)....	1
La Vie rurale........	1

GUSTAVE PLANCHE.

Portraits d'artistes. Peintres et sculpteurs........	2
Études sur l'école française....	2
Études sur les arts........	1
Études littéraires........	1

LOUIS REYBAUD.

	vol.
Mœurs et portraits du temps	2
Jérôme Paturot a la recherche d'une position sociale	1
Jérôme Paturot a la recherche de la meilleure des républiques	2
Romans	1
Nouvelles	1
La Comtesse de Mauléon	1
La Vie a rebours	1
La Vie de corsaire	1
La Vie de l'employé	1
Marines et Voyages	1
Scènes de la vie moderne	1

CLÉMENT CARAGUEL.

Les Soirées de Taverny	1

A. DE PONTMARTIN.

Causeries littéraires	1
Nouvelles Causeries littéraires	1
Dernières Causeries littéraires	1
Causeries du Samedi	1
Nouvelles Causeries du Samedi	1
Le Fond de la coupe	1

EUGÈNE FROMENTIN.

Une année dans le Sahel. (2e édit.)	1
Un été dans le Sahara (2e édit.)	1

HECTOR BERLIOZ.

Les Soirées de l'orchestre (2e édit.)	1

GRÉGOROVIUS.
Traduction de F. Sabatier.

Les Tombeaux des Papes Romains, avec une Introduction de J. J. Ampère	1

ARNOULD FRÉMY.

Journal d'une jeune fille	1

L. VITET,
de l'Académie française.

Les États d'Orléans, scènes historiq.	1

AMÉDÉE ACHARD.

Les Chateaux en Espagne	1

E. DE VALBEZEN
(le major Fridolin).

Récits d'hier et d'aujourd'hui	1
La Malle de l'Inde (Sous presse)	1

HECTOR MALOT.

Les Victimes d'amour	1

CUVILLIER-FLEURY.

Portraits politiques et révolutionnaires (2e édition)	2
Études historiques et littéraires	2
Voyages et Voyageurs	1
Nouvelles études historiques et littéraires	1
Dernières études historiques et littéraires. 2 vol.	2

SAMUEL VINCENT.

Du Protestantisme en France, précédé d'une introduction de Prévost-Paradol	1

CHAMPFLEURY.

Les Excentriques	1
Contes vieux et nouveaux	1

LOUIS RATISBONNE.

L'Enfer du Dante, trad. en vers, texte en regard (2e édition)	2
Impressions littéraires	1
Le Purgatoire, trad. en vers, texte en regard	2

D. NISARD,
de l'Académie française.

	vol.
Études sur la Renaissance	1
Souvenirs de voyage	1
Études de critique littéraire	1
Études d'Histoire et de Littérature	2

ARSÈNE HOUSSAYE.

Mademoiselle Mariani	1

L. BAUDENS,
Inspecteur, membre du Conseil de santé des armées.

La Guerre de Crimée. — Les campements, les abris, les ambulances, les hôpitaux, etc. (2e édition.)	1

LE PRINCE DE LA MOSKOWA.

Souvenirs et Récits	1

VICTOR DE LAPRADE.

Les Symphonies, poèmes	1
Idylles héroïques	1

LAURENT PICHAT.

Cartes sur table	1

PAUL DE MOLÈNES.

Caractères et Récits du temps	1
Aventures du temps passé	1
Histoires sentimentales et militaires	1

F. DE GROISEILLIEZ.

Histoire de la chute de L.-Philippe	1
Les Cosaques de la Bourse	1

EUGÈNE CORDIER.

Le Livre d'Ulrich	1

O. D'HAUSSONVILLE.

Histoire de la politique extérieure du gouvernement français, 1830-1848	2

***

Robert Emmet (2e édition)	1

ÉMILE THOMAS.

Histoire des ateliers nationaux	1

PAUL DELTUF.

Contes romanesques	1
Récits dramatiques	1

HENRI BLAZE.

Écrivains et poètes de l'Allemagne	1
Souvenirs et récits des campagnes d'Autriche	1
Épisode de l'histoire du Hanovre	1
Intermèdes et poèmes	1
Les Amies de Goethe (sous presse)	2

VICTOR FRANCONI.

Le Cavalier, Cours d'équitation pratique	1

LE MARQUIS DE SAINTE-AULAIRE.

Les Derniers Valois, les Guise et Henri IV	1

ALPHONSE ESQUIROS

La Néerlande et la Vie hollandaise	2

LA PRINCESSE DE BELGIOJOSO.

Scènes de la vie turque	1

CHARLES NISARD.
Mémoires et correspondances historiques et littéraires inédits, 1726 à 1816. 1

FÉTIS
La musique dans le passé, dans le présent et dans l'avenir (Sous presse). 2

A. PEYRAT.
Histoire et Religion. 1

PAUL DE RÉMUSAT.
Les Sciences naturelles. Études sur leur histoire et sur leurs plus récents progrès. 1

LÉONCE DE PESQUIDOUX.
Voyage artistique en France. Études sur les musées de province. . . . 1
L'École anglaise 1672-1851. Études biographiques et critiques. 1

JOHN LEMOINNE.
Études critiques et biographiques. . 1

CH LIADIÈRES.
Œuvres littéraires. 1
Souvenirs historiques et parlementaires. 1
Œuvres dramatiques et Légendes. 1

LA COMTESSE NATHALIE.
La Villa Galietta. . . . .

KARL-DES-MONTS.
Légendes des Pyrénées. (3ᵉ édition). 1

DE LATENA.
Étude de l'homme. 1

LE ROI LOUIS-PHILIPPE
Mon Journal. Événements de 1815. . 2

F. CLAUDE.
Les Psaumes traduction nouvelle, suivie de notes et reflexions. . . . 1

***
Les Horizons prochains (2ᵉ édit.). . 1
Les Horizons célestes. 1

ÉDOUARD MEYER.
Contes de la mer Baltique. 1

L. ET M. ESCUDIER.
Dictionnaire de musique théorique et historique, avec une préface par F. Halévy (nouvelle édition). 1

CHARLES DOLLFUS.
Lettres philosophiques. (2ᵉ édition.). 1
Révélation et Révélateurs. 1

LÉON VINGTAIN.
Vie publique de Royer-Collard, avec une préface de M. A. de Broglie. . 1

AMÉDÉE PICHOT.
Sir Charles Bell, histoire de sa vie et de ses travaux. 1

***
Naples et les Napolitains. 1

P. GARREAU.
Essai sur les premiers principes des sociétés. 1

A. CHARGUÉRAUD.
Les Batards célèbres, avec une introduction par E. de Girardin. . . 1

WILLIAM BOLTS
Histoire des conquêtes et de l'administration de la compagnie anglaise au Bengale. 1

TAXILE DELORD, CLÉMENT CARAGUEL & LOUIS HUART.
200 Vignettes de Cham.
Messieurs les Cosaques. 2

OEUVRES COMPLÈTES DE GEORGE SAND

Format grand in-18 anglais, à 2 francs le volume.

	vol.		vol.		vol.
Le Piccinino. . . .	2	Le Meunier d'Angibault. .	1	La Petite Fadette. . .	
La Dernière Aldini. .	} 1	Jeanne.	1	La Marquise. . . .	} 1
Simon.		Indiana.	} 1	Mouny Robin. . . .	
Teverino.	} 1	Melchior		Monsieur Rousset. . .	
Leone Leoni. . . .		François le Champi. .	} 1	Les Sauvages. . . .	
Horace.	1	Les Mosaïstes. . . .		Compag. du tour de France.	1
Lucrezia Floriani. . .	} 1	La Mare au Diable. . .		Le Péché de M. Antoine.	} 2
Lavinia.		André	} 1	Pauline.	
Jacques.	1	La Fauvette du Docteur.		L'Orco.	
Le château des Désertes.	} 1	Les Noces de Campagne.		Lelia.	} 2
Isidora.		Mauprat.	} 1	L'Uscoque.	
Valentine.	} 1	Metella.		Consuelo.	3
Cora.				Comtesse de Rudolstadt.	2

BIBLIOTHÈQUE DES VOYAGEURS
UN FRANC LE VOLUME
Jolis volumes format in-32, papier vélin.

A. DE LAMARTINE. vol.
Graziella.. 1
Les Visions. 1

HENRY MURGER.
Propos de ville et Propos de théâtre. 1
Le Roman de toutes les femmes. . . 1
Ballades et Fantaisies. 1

F. PONSARD.
Homère, poëme. 1

MÉRY.
Anglais et Chinois. 1
Histoire d'une colline. 1

JULES SANDEAU.
Le Jour sans lendemain. 1
Olivier. 1
Le Chateau de Montsabrey. . . . 1

CHARLES DE BERNARD.
Le Paratonnerre. 1

ÉMILE AUGIER. vol.
Les Pariétaires, poésies. 1

ALEXANDRE DUMAS FILS.
Ce que l'on voit tous les jours. . . 1
La Boîte d'argent. 1

HENRI CONSCIENCE.
Le Gentilhomme pauvre. 1
Le Conscrit. 1

ALPHONSE KARR.
La Main du diable. 1

THÉODORE DE BANVILLE.
Les Pauvres Saltimbanques. . . . 1
La Vie d'une Comédienne. . . . 1
Odelettes. 1

CHARLES DESMAZE.
Maurice Quentin de la Tour, peintre du roi Louis XV. 1

Histoire philosophique, anecdotique et critique de la Cravate et du Col. 1

COLLECTION HETZEL ET LÉVY
UN FRANC LE VOLUME
Jolis volumes format in-32, papier vélin.

ÉMILE AUGIER. vol.
Théâtre complet. 6

P. J. STAHL.
L'Esprit des Femmes et les Femmes d'esprit. 1
Théorie de l'Amour et de la Jalousie. 1
Histoire d'un Prince et d'une Princesse. 1
Les Bijoux parlants. 1

H. DE BALZAC.
Maximes et Pensées. 1
Les Femmes. 1

THÉOPHILE GAUTIER.
Avatar. 1
Jettatura. 1

JULES JANIN.
La Comtesse d'Egmont. 1

GOETHE.
Traduction Édouard Grenier.
Le Renard. 1

LÉON GOZLAN.
Balzac en pantoufles. 1
Les Maîtresses à Paris. 1

E. DE LA BÉDOLLIÈRE.
Histoire de la mode en France. . . 1

LAURENT JAN.
Misanthropie sans repentir. . . . 1

LOUIS ULBACH.
L'Homme aux cinq louis d'or. . . 2

CHAMFORT
Maximes, Pensées, Anecdotes, etc. . 1

ÉMILE DESCHANEL. vol.
Le Mal qu'on a dit des femmes. . . 1
Le Bien qu'on a dit des femmes. . . 1
Les Courtisanes grecques. 1
Le Mal qu'on a dit de l'amour. . . 1
Le Bien qu'on a dit de l'amour . . 1
Histoire de la Conversation. . . . 1
Le bien et le mal qu'on a dit des enfants 1

EMILIE CARLEN. *Trad. Stahl et Hymans.*
Un brillant Mariage. 1

HENRI MONNIER.
Scènes parisiennes. 1
Les Petites Gens. 1
Croquis à la plume. 1
Comédies bourgeoises. 1
Les Bourgeois aux champs. . . . 1
Galerie d'originaux. 1

ALFRED DE MUSSET
Mlle Mimi Pinson. 1
Voyage où il vous plaira. 1

LE COMTE F. DE GRAMMONT.
Comment on se marie. 1
Comment on vient et comment on s'en va 1

LARCHER ET JULLIEN.
Ce qu'on a dit de la fidélité et de l'infidélité. 1

ALFRED BOUGEARD.
Les Moralistes oubliés. 1

BAISSAC.
Les Femmes dans les temps anciens. 1
Les Femmes dans les temps modernes. 1

CHAMPFLEURY.
M. de Boisdhyver. 3

LOUIS RATISBONNE.
Au Printemps de la vie. 1

L. MARTIN.
L'Esprit de Voltaire. 1

OUVRAGES ILLUSTRÉS

VOYAGE DU PRINCE NAPOLEON
Dans les mers du Nord, à bord de la frégate la *Reine Hortense*.

Par CHARLES EDMOND, avec des notices scientifiques par les membres de l'expédition. — 1 beau volume grand in-8, illustré de 12 vignettes, de culs-de-lampe et de têtes de chapitres dessinés par KARL GIRARDET, d'après CH. GIRAUD, avec la carte du voyage et la carte géologique de l'Islande. Prix : 25 fr.

L'ASSEMBLÉE NATIONALE COMIQUE.

180 dessins inédits de CHAM, texte par A. LIREUX. — 1 beau volume très-grand in-8°. Prix : broché, 14 fr.; relié en toile, avec plaques spéciales, doré sur tranches. Prix : 20 fr.

JÉROME PATUROT
à la recherche de la meilleure des républiques.

Par LOUIS REYBAUD, illustré par TONY JOHANNOT. — Un beau volume, très-grand in-8°, contenant 160 vignettes dans le texte et 30 types. — Prix : broché, 15 fr.; relié en toile, avec plaques spéciales, doré sur tranches. Prix : 20 fr.

LE FAUST DE GŒTHE.

Traduction revue et complète, précédée d'un Essai sur Gœthe, par HENRI BLAZE; édition illustrée de 9 vignettes dessinées par TONY JOHANNOT, et d'un nouveau portrait de Gœthe, gravés sur acier par LANGLOIS, et tirés sur papier de Chine. — Un volume grand in-8°. Prix : broché, 8 fr.; relié en toile, avec plaques, doré sur tranches. Prix : 12 fr.

THEATRE COMPLET DE VICTOR HUGO.

Un beau vol. gr. in-8°, orné du portrait de Victor Hugo et de six gravures sur acier, d'après les dessins de MM. RAFFET, L. BOULANGER, J. DAVID, etc. — Prix : broché, 6 fr. 50 c.

CONTES RÉMOIS

Par le COMTE DE C. (3° édit.), illustrés de 34 dessins de MEISSONNIER. — 1 très-beau volume grand in-18. Prix : 5 fr. — Le même ouvrage, tiré sur grand raisin vélin, 20 fr.; sur papier de Hollande, gravures tirées à part sur papier de Chine. Prix : 60 fr.

LE JOURNAL DU DIMANCHE

LITTÉRATURE. — HISTOIRE. — VOYAGES. — MUSIQUE

TROIS VOLUMES SONT EN VENTE

Chaque volume, format in-4°, orné de 104 gravures, prix : 3 fr.

DICTIONNAIRE DE LA CONVERSATION
ET DE LA LECTURE

INVENTAIRE RAISONNÉ DES NOTIONS GÉNÉRALES LES PLUS INDISPENSABLES A TOUS

PAR

UNE SOCIÉTÉ DE SAVANTS ET DE GENS DE LETTRES

2° ÉDITION

Entièrement refondue, corrigée et augmentée de plusieurs milliers d'articles, tout d'actualité.

16 volumes grand in-8. — 203 fr. 75 c.

BROCHURES DIVERSES

LAMARTINE.

	f. c.
Du Projet de constitution	» 30
Du Droit au travail	» 30
Une Seule Chambre	» 30
La Présidence	» 30
Lettre aux dix Départements	» 30

THIERS.

Le Droit au travail	» 30
Du Crédit foncier	» 30

LE COMTE DE MONTALIVET.

Le Roi Louis-Philippe et sa Liste civile	» 50

ÉDOUARD LEMOINE.

Abdication du roi Louis-Philippe	» 50

ÉMILE DE GIRARDIN.

L'Empire avec la liberté	1 «
La Guerre	1 »
Le libre Vote	1 »
L'Équilibre européen	1 »
Avant la Constitution	» 50
Journal d'un Journaliste au secret	1 »
Les Cinquante-Deux : 14 n⁰ˢ sont en vente : — I. Apostasie. — II. Le Gouvernement le plus simple. — III. L'Équilibre financier par la réforme administrative. — IV. La Note du 14 décembre. — V. Respect de la constitution. — VI. La Constituante et la Législative. — VII-VIII. La Politique de la paix. — IX. Abolition de l'esclavage militaire — X-XI. Le Droit de tout dire. — XII. La Question de l'Avenir. — XIII-XIV. Le Socialisme et l'Impôt.	
Prix de chaque numéro	» 50

LOUIS BLANC.

Le Socialisme, Droit au travail	1 »
Appel aux honnêtes gens	1 »
La Révolution de Février au Luxembourg	1 »

CHARLES DIDIER.

Une Visite a M. le duc de Bordeaux	1 »
Question sicilienne	1 »

GLADSTONE.

Deux Lettres au lord Aberdeen sur les poursuites politiques exercées par le gouvernement napolitain	1 »

JOHN LEMOINNE.

	f. c.
De l'Intégrité de l'Empire Ottoman	1 »
Affaires de Rome	1 »

BONNAL.

La Force et l'Idée	1 »
Abolition du prolétariat	» 50

LEON FAUCHER.

Le Crédit foncier	» 30
De l'Impôt sur le revenu	» 30

D. NISARD.

Les Classes moyennes en Angleterre et la Bourgeoisie en France	1 »

HENRI BLAZE DE BURY.

M. le Comte de Chambord, un mois a Venise	1 »

GEORGE SAND ET V. BORIE.

Travailleurs et Propriétaires	1 »

DUFAURE.

Du Droit au travail	» 30

L. COUTURE.

Du Gouvernement héréditaire en France et des trois partis qui s'y rattachent	1 50

ALEXANDRE DUMAS.

Révélations sur l'arrestation d'Émile Thomas	» 50

A. PONROY.

Le Maréchal Bugeaud	1 »

G. BOULLAY.

Réorganisation administrative	1 »

ESPRIT PRIVAT.

Le Doigt de Dieu	1 »

UN PAYSAN CHAMPENOIS.

A Timon, sur son projet de Constitution	» 50

DEUXIEME PARTIE
— Théâtre —

PIÈCES DE THÉATRE DIVERSES

BELLE ÉDITION
Format grand in-18 anglais.

F. PONSARD.
	f. c.
Lucrèce, tragédie en 5 actes	1 50
Agnès de Méranie, trag. en 5 actes.	1 50
Charlotte Corday, trag. en 5 actes.	1 50
Horace et Lydie, c. en 4 a., en vers.	1 »
Ulysse, tragédie en 5 actes	2 »
L'Honneur et l'Argent, comédie en 5 actes, en vers	2 »
La Bourse, com. en 5 ac., en vers.	2 »

ÉMILE AUGIER.
Gabrielle, com. en 5 actes, en vers.	2 »
La Ciguë, com. en 2 actes, en vers.	1 50
L'Aventurière, c. en 5 actes, en v.	1 50
L'Homme de bien, coméd. en 3 actes, en vers.	1 50
L'Habit vert, proverbe en 1 acte..	1 »
La Chasse au roman, com. en 3 ac.	1 50
Sapho, opéra en 3 actes.	1 »
Diane, drame en 5 actes, en vers..	2 »
Les Méprises de l'amour, comédie en 5 actes, en vers	1 50
Philiberte, com. en 3 actes, en vers.	1 50
La Pierre de touche, comédie en 5 actes, en prose	2 »
Le Gendre de M. Poirier, comédie en 4 actes, en prose.	2 »
Ceinture dorée, com. en 3 a., en pr.	1 50
Le Mariage d'Olympe, comédie en 3 actes, en prose	1 50
La Jeunesse, com. en 5 a., en vers.	2 »
Les Lionnes pauvres, c. en 5 a. en pr.	2 »
Un beau Mariage, com. en 5 a. en p.	2 »

P. J. BARBIER.
Un Poète, drame en 5 act., en vers.	2 »
André Chénier, dr. en 3 a., en vers.	1 »
L'Ombre de Molière, à-propos en 1 acte, en vers	» 75
Le Berceau, coméd. en 1 a., en vers	1 »
Une Distraction, comédie en 1 acte.	1 »

EUGÈNE SCRIBE.
La Czarine, drame en 5 actes	2 »
Feu Lionel, comédie en 3 actes.	1 50
Les Doigts de fée, com. en 5 actes.	2 »
Rêves d'amour, comédie en 3 actes.	1 50

MÉRY.
Gusman le brave, dr. en 5 a., en v.	2 »
Le Sage et le Fou, comédie en 5 actes, en vers.	1 50
Le Chariot d'enfant, drame en 5 actes, en vers.	2 »
Aimons notre prochain, comédie en 1 acte, en prose.	1 »
Les deux Frontins, com. en 1 a., v.	1 »
Herculanum, opéra en 4 actes	1 »

HENRY MURGER.
	f. c.
La Vie de Bohème, com. en 5 actes.	1 »
Le Bonhomme Jadis, com. en 1 acte.	1 »

JULES SANDEAU.
Mademoiselle de la Seiglière, comédie en 4 actes, en prose.	1 50

GEORGE SAND.
Le Démon du Foyer, com. en 2 actes.	1 50
Le Pressoir, drame en 3 actes.	2 »
Les Vacances de Pandolphe, coméd. en 3 actes.	2 »
Marguerite de Ste-Gemme, com. 3 a.	2 »

ERNEST LEGOUVÉ.
Par droit de conquête, comédie en 3 actes, en prose.	1 50
Le Pamphlet, com. en 2 a., en prose.	1 »
Un Souvenir de Manin, épisode..	1 »

VICTOR SÉJOUR.
Richard III, drame en 5 actes	2 »
Les Noces vénitiennes, dr. en 5 a..	2 »
André Gérard, drame en 5 actes.	2 »
Le Martyre du cœur, dr. en 5 actes.	2 »
Le Paletot brun, com. en 1 acte..	1 »
Les Grands Vassaux, dr. en 5 actes.	2 »

OCTAVE FEUILLET.
Le Pour et le Contre, comédie en 1 acte, en prose.	1 »
La Crise, com. en 4 actes, en prose.	1 50
Péril en la demeure, comédie en 2 actes, en prose.	1 50
Le Village, com. en 1 ac., en prose.	1 »
La Fée, comédie en 1 acte, en prose.	1 »
Dalila, drame en 6 parties.	1 50
Le Roman d'un Jeune Homme pauvre, comédie en 5 actes, en prose.	2 »

ALEXANDRE DUMAS FILS.
La Dame aux Camélias, dr. en 5 a..	1 50
Diane de Lys, drame en 5 actes.	1 50
Le Demi-Monde, comédie en 5 actes.	2 »

Mme ÉMILE DE GIRARDIN.
Lady Tartuffe, comédie en 5 actes, en prose.	2 »
C'est la faute du mari, comédie en 1 acte, en vers.	1 »
La Joie fait peur, c. en 1 ac., en p.	1 50
Le Chapeau d'un Horloger, coméd. en 1 acte, en prose.	1 »
Une Femme qui déteste son mari, comédie en 1 acte, en prose	1 »
L'École des Journalistes, comédie en 5 actes en vers.	1 »

LÉON GOZLAN.
	f.	c.
LE GATEAU DES REINES, comédie en 5 actes en prose.	2	»
LA FAMILLE LAMBERT, com. en 2 act.	1	»
UN PETIT BOUT D'OREILLE, com. en 1 a.	1	»
IL FAUT QUE JEUNESSE SE PAYE, c. 4 a.	2	»

PAUL MEURICE.
L'AVOCAT DES PAUVRES, drame en 5 actes, en prose.	2	»
FANFAN LA TULIPE, drame en 5 actes. en prose.	2	»
LE MAÎTRE D'ÉCOLE, drame en 5 actes en prose.	2	»

THÉOD. BARRIÈRE ET E. CAPENDU.
LES FAUX BONSHOMMES, comédie en 4 actes, en prose.	2	»
LES FAUSSES BONNES FEMMES, c. en 5 a.	2	»

FÉLICIEN MALLEFILLE.
LES MÈRES REPENTIES, drame en 4 a.	2	»

JULES LACROIX.
ŒDIPE ROI, de Sophocle, tragédie en 5 actes.	2	»

ROGER DE BEAUVOIR.
LA RAISIN, com. en 2 actes, en vers..	1	50

PAUL FOUCHER ET REGNIER.
LA JOCONDE, c. en 5 actes, en prose..	2	»

PAUL DE MUSSET.
LA REVANCHE DE LAUZUN, comédie en 4 actes, en prose.	1	50
CHRISTINE ROI DE SUÈDE, com. en 3 actes, en prose.	1	50

Mme ROGER DE BEAUVOIR.
DOS A DOS, com. en 1 a., en prose.	1	50

CHARLES EDMOND.
LA FLORENTINE, drame en 5 actes.	1	50

ADOLPHE DUMAS.
L'ÉCOLE DES FAMILLES, c. en 5 a. en v.	1	»

ERNEST SERRET.
LES FAMILLES, com. en 5 act., en v.	1	50
QUE DIRA LE MONDE? com. en 5 actes, en prose.	2	»
UN MAUVAIS RICHE, comédie en 5 actes, en vers.	2	»
L'ANNEAU DE FER, com. en 4 a., en pr.	1	50

ÉDOUARD FOUSSIER.
HÉRACLITE ET DÉMOCRITE, comédie en deux actes, en vers.	1	50
LES JEUX INNOCENTS, comédie en un acte, en vers.	1	»
UNE JOURNÉE D'AGRIPPA, comédie en cinq actes, en vers.	1	50
LE TEMPS PERDU, com. en 3 a., en v.	1	50
LES LIONNES PAUVRES, c. en 5 a. en pr.	2	»
UN BEAU MARIAGE, com. en 5 a. en p.	2	»

LATOUR DE SAINT-YBARS.
ROSEMONDE, tragédie en 1 acte..	1	»
LE DROIT CHEMIN, com. en 5 a. en v.	2	»

AUGUSTE MAQUET.
LA BELLE GABRIELLE, dr. en 5 actes.	2	»

MARIO UCHARD.
	f.	c.
LA FIAMMINA, com. en 4 act., en pr.	2	»
LE RETOUR DU MARI, com. en 4 actes.	2	»

LÉON LAYA.
LES JEUNES GENS, com. en 5 a., en pr.	1	50
LES PAUVRES D'ESPRIT, comédie en 5 actes, en prose.	1	50

LE MARQUIS DE BELLOY.
PYTHIAS ET DAMON, c. en 1 acte, en v.	1	»
KAREL DUJARDIN, c. en 1 acte, en v..	1	»

J. AUTRAN.
LA FILLE D'ESCHYLE, trag. en 5 actes.	1	50

ARMAND BARTHET.
LE MOINEAU DE LESBIE, comédie en 1 acte, en vers.	1	»
LE CHEMIN DE CORINTHE, comédie en 3 actes, en vers.	1	50

CHARLES POTRON.
UN FEU DE PAILLE, com. en 1 a. en pr.	1	»

AUGUSTINE BROHAN.
LES MÉTAMORPHOSES DE L'AMOUR, comédie en 1 acte, en prose.	1	»
IL FAUT TOUJOURS EN VENIR LÀ, comédie en 1 acte, en prose.	1	50

ARSÈNE HOUSSAYE.
LA COMÉDIE A LA FENÊTRE, comédie en 1 acte, en prose.	1	»

J. DE PRÉMARAY.
LES DROITS DE L'HOMME, comédie en 2 actes, en prose.	1	50
LA BOULANGÈRE A DES ÉCUS, dr. en 5 a.	1	50

DUMANOIR.
L'ÉCOLE DES AGNEAUX, c. 1 a. en v.	1	»
LE CAMP DES BOURGEOISES, comédie en 1 acte, en prose.	1	»
LES FEMMES TERRIBLES, com. en 3 a.	1	50

AMÉDÉE ROLLAND ET J. DU BOYS.
LE MARCHAND MALGRÉ LUI, comédie en 5 actes, en vers.	2	»

RAOUL BRAVARD.
LOUISE MILLER, drame en 5 actes en vers, traduit de Schiller.	2	

DANIEL STERN.
JEANNE DARC, drame en 5 actes.	2	»

ÉDOUARD MEYER.
STRUENSÉE, dr. en 5 actes, en prose.	1	»

H. LUCAS.
MÉDÉE, tragédie en 3 actes.	1	50

DUHOMME ET E. SAUVAGE.
LA SERVANTE DU ROI, dr. en 5 a., en v.	2	»

CAMILLE DOUCET.
LES ENNEMIS DE LA MAISON, comédie en 3 actes, en vers.	1	50
LE FRUIT DÉFENDU, c. en 3 a., en v.	1	50

LOUIS RATISBONNE f. c. Héro et Léandre, drame antique en 1 acte en vers. . . . . 1 » **A. DECOURCELLE ET L. THIBOUST.** Je dîne chez ma mère, comédie en 1 acte, en prose. . . . . 1 » **J. VIARD ET H. DE LA MADELÈNE.** Frontin malade, coméd. en 1 acte, en vers. . . . . 1 » **AMÉDÉE ROLLAND ET CH. BATAILLE.** Un Usurier de village, dr. en 5 a. 2 » **VIENNET.** Selma, drame en 1 acte, en vers. . . 1 » **DAVID DIDIER.** Mon empereur, impromptu en 1 acte. 1 » **LÉON HALEVY.** Ce que Fille veut. . . ., comédie en 1 acte, en vers. . . . . 1 » **LOUIS D'ASSAS.** La Vénus de Milo, coméd. en 3 actes, en vers. . . . . 1 50 **VICTORIEN SARDOU.** La Taverne, com. en 3 a., en vers. 1 50 **ÉDOUARD PLOUVIER.** Le Sang mêlé, drame en 5 a., en prose 1 50 Trop beau pour bien faire, comédie en 1 acte, en prose. . . . 1 » Le Pays des amours, com. en 5 actes. 1 50 **TH. MURET.** Michel Cervantes, dr. en 4 a., en v. 1 50 **CHARLES LAFONT.** Le dernier Crispin, comédie en 1 acte, en vers. . . . . 1 » L'Arioste, comédie en 1 a., en vers 1 »	**FERDINAND DUGUÉ.** f. c. France de Simiers, dr. en 5 a., en v. 2 » William Shakspeare, drame en 5 a. 2 » **LIADIÈRES.** Les Batons flottants, c. en 5 a, en v. 2 » **EDMOND COTTINET.** L'Avoué par amour, c. en 1 a., en v. 1 » **CH. PAGÉSIS ET L. DE CHAMBRAIT.** Comment la trouves-tu? com. en 1 a. 1 » **F. BÉCHARD.** Les Déclassés, com. en 4 act., en pr. 1 50 **CHARLES DE COURCY FILS.** Le Chemin le plus long, comédie en 3 actes, en prose. . . . . . . 1 50 **E. ET H. CRÉMIEUX.** Fiesque, drame en 5 actes, en vers. 2 » **TH. DE BANVILLE.** Le beau Léandre, com. en 1 a., en v. 1 » Le Cousin du roi, c. en 1 a., en vers. 1 » **SIRAUDIN ET L. THIBOUST.** Les Femmes qui pleurent, c. en 1 a. 1 » **RENÉ CLÉMENT.** L'Oncle de Sicyone, com. en 1 a., en v. 1 » **TH. BARRIÈRE ET L. THIBOUST.** Les Filles de marbre, dr. en 5 actes 1 50 **MAZÈRES.** La Niaise, com. en 4 actes, en prose. 2 » Le Collier de perles, comédie en 5 actes, en prose. . . . . . . 1 50 **LOUIS BOUILHET** Mme de Montarcy, dr. en 5 a., en vers 2 »

PIÈCES DE THÉATRE

Imprimées à 3 colonnes, format grand in-8

	f. c.		f. c.		f. c.
Ame en peine (l').	1 »	Frères Dondaine (les).	» 60	Pierrot posthume.	» 60
Ane (l') à Baptiste.	» 60	Grand Palatin (le).	» 60	Piquillo, opéra-comiq.	1 »
Aubry le boucher.	» 60	Grassot embêté par Ravel	» 60	Poisson d'avril (le).	1 »
Bonne réputation (une).	» 60	Grisette de qualité (la).	» 60	Premier Chapitre (le).	1 »
Bouillon (un) d'onze heures.	» 60	Histoire (une) de voleurs.	» 60	Proscrit (le), opéra.	1 »
Breda street.	» 60	Honneur d'une femme.	» 60	Pupilles de la garde (les).	» 60
Carillon (le) de St-Mandé.	» 60	Inconsolable (l').	» 60	Recherche de l'inconnu.	» 60
Carotte d'or (la)	1 »	Jardin d'Hiver (le).	1 »	Reine de Chypre (la).	1 »
Charles VI, opéra.	1 »	Jeanne d'Arc, drame.	» 60	République (la) des lettres	» 60
Château (le) de la Roche-Noire.	» 60	Juanita.	» 60	Rocambolle le Bateleur.	1 »
Chevalier (le) de Beauvoisin.	» 60	Karel Dujardin.	» 60	Roman comique (le).	» 60
Cinq Gaillards.	» 60	Libertins de Genève (les)	1 »	Saint-Silvestre (la).	1 »
Comique à la ville (un).	» 60	Lorettes et Aristos.	» 60	Sept femmes de Barbe-Bleue (les).	» 60
Cour (la) de Biberack.	» 60	Mlle de Mérange.	» 60	Serpent sous l'herbe (le).	» 60
Deux Aveugles (les).	» 50	Mlle de Navailles.	» 60	Si jeunesse savait.	2 »
Deux Camusot (les).	» 60	Maîtresse anonyme (la).	» 60	Société (la) du doigt dans l'œil.	1 »
Don Juan, opéra.	1 »	Malheureux comme un nègre.	» 60	Suzanne de Croissy.	» 60
E. H.	» 60	Mari du bon temps (un).	» 60	Travestissements (les).	1 »
Emile, ou 6 têtes dans un chapeau.	» 60	Mère de Famille (la).	1 »	Trois amours de Pompiers.	» 60
Enfant du carnaval (l'), (épuisé).	5 »	M. de Maugaillard.	» 60	Trompette de M. le Prince (le).	2 »
Étoile du berger (l').	» 60	Nouvelle (la) Clarisse Harlowe.	» 60	Val d'Andorre (le).	1 »
Eunuque (l').	» 60	Nuées (les).	» 60	Vendetta (la).	» 60
Femme de mon mari (la) (épuisée)	2 »	Paire (une) de pères.	» 60	Veuve (la) de 15 ans.	1 »
Fiançailles des Roses (les).	» 60	Peau du Lion (la).	2 »	Vieux Consul (le).	1 »
		Perle (la) du Brésil.	1 »		
		Peureux (les)	» 60		
		Perle (la) du Brésil.	1 »		
		Philippe II, roi d'Espagne.	» 60		

PIÈCES DE THÉATRE

Imprimées dans le format in-octavo ordinaire.

	f. c.		f. c.		f. c.
Alexis, ou l'Erreur d'un bon Père.	1 »	Locataires et portiers.	1 »	Princesse Aurélie (la).	» 60
André le Chansonnier.	1 »	Modèle (le).	» 60	Robert Bruce, drame.	1 »
Belle-Mère et le Gendre.	» 60	Monomane (le).	1 »	Santeuil, ou le Chanoine au cabaret	1 »
Ce que Femme veut.	1 »	Monténégrins (les).	2 »	Servante justifiée (la), ballet.	1 »
Cléopâtre.	2 »	Monsieur Pinchard.	1 »	Suzanne de Foix.	2 »
Clef dans le dos (la).	1 »	Mort de Strafford (la)	1 50	Vieillesse de Richelieu.	1 50
Docteur en herbe (un).	1 »	Mousquetaires de la Reine	1 50		
Eve.	1 »	Noces de Gamache (les).	» 60		
Gibby la Cornemuse.	1 50	Paquebot (le).	1 »		
Iphigénie en Tauride.	1 »	Palma.	1 »		
		Popularité (la).	» 60		

THÉATRE DE VICTOR HUGO

Imprimé à deux colonnes, format grand in-8.

Chaque Pièce se vend séparément 60 centimes.

Hernani, drame en 5 actes, en vers.
Marion Delorme, drame en 5 actes, en vers.
Le Roi s'amuse, drame en 5 actes, en vers.
Lucrèce Borgia, drame en 5 actes, en prose.

Marie Tudor, drame en 5 actes, en prose.
Angélo, drame en 4 actes, en prose.
Ruy-Blas, drame en 5 actes, en vers.
Les Burgraves, dr. en 5 actes, en vers.

BIBLIOTHÈQUE DRAMATIQUE

CHOIX DE PIÈCES NOUVELLES

JOUÉES SUR LES THÉATRES DE PARIS

Format grand in-dix-huit anglais.

Il paraît trois ou quatre pièces par mois. — Quatre volumes par an.

Prix de chaque volume : 5 francs.

Chaque volume et chaque pièce se vendent séparément. — Le tome LX est en vente.

	fr. c.		fr. c.		fr. c.
A Clichy.	» 60	Amoureux de ma femme.	1 »	Banc d'huîtres (un).	1 »
Absences de Monsieur (les).	1 »	Amoureux sans le savoir (les).	1 »	Banquier comme il y en a peu (un).	» 60
Affaire Chaumontel (l').	1 »	André Chénier.	1 »	Baronne de Blignac (la).	1 »
Affaire de la rue de l'Ourcine (l')	1 »	André Gérard.	2 »	Barrières de Paris (les)	1 »
Ah! vous dirai-je, maman?	» 60	Andromaque.	» 60	Bataille de dames	
Aimer et Mourir.	1 »	Ane mort (l').	1 »	Bâtons dans les roues.	1 »
Amiral (l') de l'escadre bleue.	» 40	Auge du rez-de-chaussée (l').	» 60	Bâtons flottant (les).	2 »
Aimons notre prochain.	1 »	Anges du foyer (les).	» 60	Beau Léandre (le)	1 »
A la campagne.	1 »	Anneau d'argent (l').	» 60	Beau-Père (le).	1 »
Alceste.	1 »	Anneau de fer (l').	1 50	Bégueule (la).	1 »
Alexandre chez Apelles.	1 »	As-tu tué le Mandarin?	» 60	Belle Gabrielle (la).	2 »
Allons battre ma femme.	» 60	Avait pris femme, le sire de Framboisy.	2 »	Belles de nuit (les).	1 »
Amant de cœur (l').	1 »			Belphégor.	» 60
Amant jaloux (l').	1 »	Année prochaine (l').	» 60	Benvenuto Cellini.	1 »
Amant qui ne veut pas être heureux (un).	» 60	Après l'orage vient le beau temps.	» 50	Berceau (le).	1 »
				Berger de Souvigny (le).	» 60
Ami acharné (un).	» 60	A qui mal veut...	» 60	Bergère des Alpes (la).	1 »
Ami du roi de Prusse (l').	» 60	Argent (l').	1 »	Berthe la Flamande.	2 »
Ami François (l').	» 60	Argent du diable (l').	1 »	Bertram le matelot.	1 »
Amitié des femmes (l').	1 »	Atomes crochus (les).	1 »	Bête du bon Dieu (la).	1 »
Amour à l'aveuglette (l').	1 »	Aventures de Mandrin.	» 40	Betly.	1 »
— au daguerréotype (l').	» 60	Aventures de Suzanne.	1 »	Bijou perdu (le).	1 »
Amour dans un ophicléide (l').	» 60	Aveugle (l').	1 »	Bijoux indiscrets (les).	1 »
		Avez-vous besoin d'argent.	» 60	Billet de Marguerite (le)	1 »
Amour et bergerie.	» 60			Billet de faveur (le).	1 »
Amour et Caprice.	» 60	Aventures d'un paletot	» 60	Boccace.	1 »
Amour et son train (l').	2 »	Avocat des Pauvres (l').	2 »	Boisière (la).	
Amour et Pruneaux.	1 »	Avocats (les).	» 60	Bonaparte en Egypte.	
Amour mouillé (l').	» 60	Baignoires du Gymnase.	» 60	Bon gré mal gré.	1 »
		Baisers (les).	» 60	Bonheur sous la main (le).	» 60
Amour pris aux cheveux (l').	» 60	Bajazet.	» 60	Bonhomme Jadis (le).	1 »
		Bal d'Auvergnats (un).	1 »	Bonhomme Jacques (le).	1 »
Amours d'un serpent (les)	1 »	Bal du prisonnier (le).	» 60	Bonhomme Lundi (le).	» 40
				Bonhomme Richard (le)	1 »

	fr.	c.		fr.	c.		fr.	c.
Bonne Aventure (la).	1	»	Charles VI.	1	»	Colombine.	1	»
Bonne sanglante (la).	»	60	Charlotte.	1	»	Comète de Charles-Quint	»	60
Bon ouvrier (un).	»	60	Charlotte Corday.	1	»	Comment la trouves-tu ?	1	»
Bonsoir, mons. Pantalon.	1	»	Chasse au lion (la).	1	»	Comment les femmes se		
Bonsoir, voisin.	1	»	Chasse au roman (la).	1	»	vengent.	»	60
Bonne qu'en renvoie (une)	1	»	Chasse aux corbeaux (la).	1	»	Comment l'esprit vient		
Bossue (la).	»	60	Chasse aux écriteaux (la)	1	»	aux garçons.	1	»
Boîte secrète (la).	»	60	Château de Cartes (un).	1	»	Compagnon de voyage		
Bougeoir (le).	1	»	Château de Coëtaven (le).	»	60	(le).	1	»
Boulangère à des écus (la)	1	50	Château de Grantier (le).	1	»	Compagnons de la Mar-		
Bourse (la).	2	»	Château de la Barbe-			jolaine (les)	»	60
Bouquet de l'infante (le).	1	»	Bleue (le).	1	»	Comte de Lavernie (le).	1	»
Bouquet de violettes (le).	1	»	Château des Ambrières.	2	»	Comte de Sainte-Hélène.	1	»
Bouquetière (la).	1	»	Château des 7 Tours (le).	5	»	Comtes de Novailles (la)	1	»
Bourgeois de Paris (le).	»	60	Chatte blanche (la).	»	60	Comtesse de Sennecey.	2	»
Bourgeois gentilshommes			Chef de brigands (un).	1	»	Conspiration de Mallet.	1	»
(les).	1	»	Chemin de Corinthe (le).	1	50	Contes de la reine de Na-		
Bourreau des crânes (le).	»	60	Chemin de traverse (le).	1	»	varre (les).	1	»
Brelan de maris.	»	60	Chemin le plus long (le).	1	50	Contes d'Hoffmann (les).	1	»
Bras d'Ernest (le).	1	»	Chêne et le Roseau (le).	»	60	Corde sensible (la).	»	60
Brin-d'amour.	»	60	Chercheur d'esprit (le).	»	60	Cordonnier de Crécy (le).	1	»
Brutus, lâche César.	1	»	Chevaliers du brouillard			Cornemuse du diable (la).	1	»
Bruyère.	»	60	(les).	»	40	Cosaques (les).	2	»
Bûcher de Sardanapale (le).	»	60	Cheveux de ma femme.	1	»	Coucher d'une étoile (le).	1	»
Butte des Moulins (la).	1	»	Chevalier coquet (le).	»	60	Coulisses de la vie (les).	»	60
Caïd (le).	1	»	Chevalier de Maison-			Coup de lansquenet (un).	1	»
Calino.	1	»	Rouge (le).	1	»	Coup d'Etat (un).	1	»
Caméléons (les).	»	60	Chevalier des Dames (le)	1	»	Coup de vent (le).	»	60
Camp des Bourgeoises (le)	1	»	Chevalier d'Essonne (le).	»	60	Coup de vent (un).	»	60
Camp de Saint-Maur (le).	»	60	Chevalier muscadin (le).	1	»	Coup de pinceau (un).	»	60
Canadar père et fils.	1	»	Chien du jardinier (le).	1	»	Cour de Célimène (la).	1	»
Canotier (le).	1	»	Chiffonnier de Paris (le).	1	»	Courrier de Lyon (le).	»	60
Capitaine... de quoi ?	»	60	Chiffonniers (les).	»	60	Course à la veuve (la).	»	60
Carillonneur de Bruges.	1	»	Chirurgien-major (le).	1	»	Crapauds immortels (les)	1	»
Carnaval de Venise (le).	1	»	Chodruc-Duclos.	1	»	Crise (la).	1	50
Case de l'oncle Tom (la).	1	»	Christine, roi de Suède.	1	50	Crise de Ménage (une).	»	60
Catilina.	1	»	Chute de Séjan (la).	2	»	Croix à la cheminée (une)	»	60
Ceinture dorée.	1	50	Ciel et l'enfer (le).	»	60	Croix de Marie (la).	1	»
Célèbre Vergeot (le).	1	»	500 Diables (les).	»	60	Croque-Poule.	»	60
Ce que femme veut.	1	»	Cinq minutes du com-			Cuisinier politique (le).	1	»
Ce que vivent les roses.	»	60	mandeur (les).	1	»	Curé de Pomponne (le).	1	»
Ce que deviennent les			55 fr. de voiture.	1	»	Czar Cornélius (le).	1	»
Roses.	1	»	Clairette et Clairon.	1	»	Czarine (la).	2	»
Cerisette en prison.	»	60	Clarinette qui passe (une).	»	60	Dalila.	1	50
Ces messieurs s'amusent.	»	60	Clarisse Harlowe.	»	60	Dalila et Samson.	»	20
C'est la faute du mari.	1	»	Claudine.	»	60	Dame aux Camellias (la).	1	»
Chacun pour soi.	1	»	Clef dans le dos (la).	1	»	Dame aux jambes d'azur	»	60
Chambre à 2 lits (une).	1	»	Clef des champs (la).	1	»	Dame aux trois couleurs		
Chambre rouge (la).	2	»	Cléopâtre.	2	»	(la).	1	»
Chanteuse voilée (la).	1	»	Closerie des genêts (la).	1	»	Dame de la Halle (la).	1	»
Chapeau de paille (le).	»	60	Cœur et la Dot (le).	2	»	Dans les vignes.	»	60
Chapeau d'un horloger			Coin du feu (le).	»	60	Danse des écus (la).	1	»
(le).	1	»	Cœur qui parle (un).	»	60	Dans un coucou.	»	60
			Cœurs d'or (les).	1	»	Dans une baignoire.	»	60
Chapeau qui s'envole (un).	»	60	Colette.	1	»	Déménagé d'hier.	1	»
Charmeurs (les).	1	»	Colin Maillard (le).	»	60	Déménagement (un).	1	»
Charge de cavalerie (une).	»	60	Collier de perles (le).	1	50	Demi-monde (le).	2	»
Chariot d'enfant (le).	2	»	Collier du roi (le).	»	60	Demoiselles de noce (les)	»	60
						Demoiselle d'honneur (la)	1	»

	fr.	c.
Démon de la nuit (le).	1	»
Démon du foyer (le).	1	50
Démon familier (le).	1	»
Dent sous Louis XIV (une)	»	60
Dépit amoureux (le).	»	60
Dernier Abencerrage (le)	1	»
Dernier Crispin (le).	1	»
Derniers Adieux (les).	»	60
Dernière Conquête (la).	1	»
Derrière le rideau.	»	60
Désespérés (les).	1	»
Dessous de cartes (le).	1	»
Détournement de majeure	1	»
Deucalion et Pyrrha.	1	»
Deux Aigles (les).	1	»
Deux Aveugles (les).	»	50
Deux Célibats (les).	1	»
Deux Coqs vivaient en paix.	»	60
Deux Faubouriens (les).	»	40
Deux Femmes en gage.	»	60
Deux font la paire (les).	1	»
Deux Foscari (les).	1	»
Deux Gouttes d'eau.	1	»
Deux Hommes.	1	»
Deux Inséparables (les).	»	60
Deux Lions râpés (les).	»	60
Deux profonds Scélérats.	1	»
Deux Sans-Culottes (les).	»	60
Diable ou Femme.	1	»
Diane.	2	»
Diane de Lys.	1	50
Diane de Lys et de Camellias.	»	60
Dieu du jour (un).	1	»
Dieu merci, le couvert…	»	60
Dinde truffée (la).	1	»
Diplomatie du ménage.	1	»
Diviser pour régner.	1	»
Divorce sous l'Empire.	1	»
Docteur Chiendent (le).	1	»
Docteur en herbe (un).	1	»
Docteur noir (le).	»	60
Docteur Miracle (le).	1	»
Don Gaspard.	1	»
Don Gusman.	1	»
Donnant, donnant.	1	»
Donnez aux pauvres.	»	»
Don Pèdre.	1	»
Dot de Marie (la).	1	»
Dot de Mariette (la).	»	60
Douairière de Brionne.	1	»
Douze travaux d'Hercule.	1	»
Drame de famille (un).	1	»
Dragons de Villars (les)	1	»
Droits de l'homme (les).	1	50
Drôle de pistolet (un).	1	»
Duel chez Ninon (un).	2	»
Duel de Mon Oncle (le).	1	»
Duel du Commandeur (le)	1	»
Eau qui dort (l').	»	60
Eaux de Spa (les).	»	60
Echec et mat.	1	»
Echelle des femmes (l').	1	»
École des agneaux (l').	1	»
Ecole des familles (l').	1	»
Edgar et sa bonne.	2	»
Education d'un serin (l').	1	»
Elisabeth.	1	»
Eliza.	»	60
Elzear Challamel.	1	»
Embrassons-nous, Folleville.	1	»
En bonne Fortune.	»	60
Encore des Mousquetaires.	»	60
Enfant de l'amour (l').	»	60
Enfant de Paris (un).	1	»
Enfant du siècle (un).	1	»
Enfants terribles (les).	1	»
Enfers de Paris (les).	1	»
En manches de chemise.	»	60
Ennemis de la maison (les)	1	50
En pension chez son groom.	1	»
En province.	1	»
Envies de madame Godard (les).	3	»
Épreuve avant la lettre (une).	»	60
Epouvantail (l').	»	60
Eric ou le Fantôme.	»	60
Erreurs du bel âge (les).	1	»
Esclave du mari (l').	1	»
Espagnolas et Boyardinos.	»	60
Esprit familier (l').	»	60
Étoile du Nord (l')	1	»
Étouffeurs de Londres.	1	»
Eva.	»	60
Exil de Machiavel (l').	1	»
Exposition des produits.	1	»
Extrêmes se touchent (les).	»	60
Fais la cour à ma femme.	»	60
Fameux numéro (un).	»	60
Famille Lambert (la).	1	»
Famille Poisson (la).	1	»
Familles (les).	1	50
Fantaisies de Mylord (les)	1	»
Fantôme (le).	»	60
Farfadet (le).	1	»
Fausse Adultère (la).	1	»
Faust et Marguerite.	1	»
Fanfarons de vices (les).	1	20
Fausses Bonnes Femmes.	2	»
Faux Bonshommes (les).	2	»
Fée (la).	1	»
Femme à la broche (une)	»	60
Femme aux œufs d'or (la)	1	»
Femme dans ma fontaine.	»	60
Femme qui déteste son mari (une).	1	»
Femme qui perd ses jarretières (la).	»	60
Femme qui se grise (une)	»	60
Femme qui trompe son mari (la).	1	»
Ferme de Primerose (la).	2	»
Feu de cheminée (un).	»	60
Feu de paille (le).	»	60
Feu à une vieille maison.	1	»
Feu de paille (un).	1	»
Feuilleton d'Aristophane (le).	1	»
Feu Lionel.	1	50
Fiammina (la).	2	»
Fiancé à l'huile (un),	»	60
Fiancés d'Albano (les).	2	»
Fiancée du Bengale (la).	»	60
Fiancée du bon coin (la)	1	»
Fièvre brûlante (une).	2	»
Fil de la Vierge (le).	1	»
Filleul de tout le monde.	1	»
Fileuse (la).	1	»
Fille du roi René (la).	»	60
Filles de l'air (les).	»	60
Filles de marbre (les).	1	»
Filles des Champs (les).	»	60
Filleule du chansonnier.	»	40
Fils de famille (un).	1	»
Fils du diable (le).	1	»
Fils de la nuit (le).	2	»
Fils de l'aveugle (le).	»	20
Fils de M. Godard (le).	1	»
Fléau des Mers (le).	1	»
Fin du roman (la).	1	»
Florentine (la).	1	50
Flore et Zéphire.	1	»
Foi (la), l'Espérance et la Charité.	1	»
Foire aux idées 1re part.	1	»
» 2e	1	»
» 3e	1	»
» 4e	1	»
Folies dramatiques (les).	1	»
Fonds secrets (les).	1	»
Forêt de Sénart (la).	1	»
Fou par amour	»	40
Frais de la guerre (les).	2	»
France de Simiers.	2	»
Frère et Sœur.	1	»
Frisette.	»	60
Fronde (la).	1	»
Fruit défendu (le), vaud.	1	»
Fruit défendu (le), com.	1	50
Fualdès.	2	»
Furnished apartment.	1	»
Gaîtés champêtres (les).	»	60

	fr. c.		fr. c.		fr. c.
Galatée.	1 »	Hôtel de la Tête-Noire (l')	1 »	Léonard le perruquier.	» 60
Gammina (la).	» 60	Hôtel de Nantes (l').	1 »	Léonie.	» 60
Gant et l'éventail (le).	» 60	Housard de Berchini (le).	1 »	Lion empaillé (le).	1 »
Garçon de chez Véry (un)	3 »	Idée fixe (l').	» 60	Lion et le Moucheron.	1 »
Gardes du roi de Siam (les).	» 60	Ile de Tohu-Bohu (l').	3 »	Livre noir (le).	1 »
		Impertinent (l').	1 »	Loge de l'Opéra (la).	» 60
Gardée à vue.	1 »	Incertitudes de Rosette.	1 »	Louis XVI et Marie-Antoinette.	1 »
Gardien des scellés (le).	1 «	Infidèles (les).	1 »		
Gâteau des reines (le).	2 »	Intrigue et amour.	1 »	Louise de Nanteuil.	1 »
Gastibelza.	1 »	Inventeur de la poudre.	1 »	Louise de Vaulcroix.	» 60
Geais (les).	» 60	Irène.	» 60	Louise Miller.	2 »
Gemma.	1 »	Isabelle de Castille.	1 »	Loup dans la bergerie (le)	» 60
Gendre de M Poirier (le)	2 »	Ivrogne et son enfant (l')	» 60	Lucie Didier.	1 »
Gendre de M. Pommier	1 »	Jacques le fataliste.	» 60	Lucienne.	» 60
Gendre en surveillance.	« 60	Jaguarita l'indienne.	1 »	Lully.	» 60
Les Gens de théâtre.	» 40	J'ai mangé mon ami.	1 »	Lundis de madame (les).	1 »
Gentil Bernard.	» 60	J'ai marié ma fille.	1 »	Lys dans la vallée (le).	2 »
Georges et Marie.	1 »	Jean le postillon.	» 60	Macbeth.	1 »
Georgette.	1 »	Jeanne.	1 »	Madame André.	1 »
Gibby la Cornemuse.	1 »	Jeanne Mathieu.	1 »	Madame Bertrand.	1 »
Gilles ravisseur.	1 »	Je croque ma Tante.	» 60	Madame de Laverrière.	1 »
Grandeur et décadence de J. Prudhomme.	1 »	Je dîne chez ma mère.	1 »	Madame de Tencin.	5 »
		Je ne mange pas de ce pain-là.	1 »	Madame Diogène.	» 60
Graziella.	» 60			Madame est de retour.	» 60
Griseldis.	1 »	Jenny Bell.	1 »	Madame de Montarcy.	2 »
Groom (le).	1 »	Je reconnais ce militaire.	» 60	Madelon.	1 »
Grosse Caisse (la).	1 »	Jérôme le maçon.	1 »	Madelon Lescaut.	1 »
Guérillas (le).	1 »	Jerusalem.	1 »	Mlle de la Seiglière.	1 50
Guerre d'Orient (la).	» 60	Jeu de l'amour et de la cravache (le).	» 60	Mademoiselle de Liron.	» 60
Gueux de Béranger (les).	1 »			Mademoiselle Navarre.	» 60
Guillaume le débardeur.	1 »	Jeunes gens (les).	1 50	Maison du garde (la).	» 60
Guillery le trompette.	1 »	Jeune Homme pressé (un)	» 60	Mal de la peur (le).	1 »
Guillery.	1 50	Jeune Père (le).	» 60	Maître d'armes (le).	1 »
Gusman le Brave.	2 »	Jeunesse (la.)	2 »	Maîtresse bien agréable (une).	1 »
Habit vert (l').	1 »	Jeune Vieillesse (une).	» 60		
Habit de noce (l').	» 60	Jeunesse dorée (la).	1 »	Maîtresse du Mari (la).	1 »
Habit, Veste et Culotte.	1 »	Jeux innocents (les).	» 60	Mal'aria (la).	2 »
Hamlet.	2 »	Jobin et Nanette.	» 60	Malheurs heureux (les).	1 »
Harry le Diable.	1 »	Jocelin le garde-côte.	1 »	Maman Sabouleux.	» 60
Henriette Deschamps.	1 »	Joconde (la).	2 »	Mamzell' Rose.	1 »
Héraclite et Démocrite.	» 60	Jocrisse millionnaire.	1 »	Manon Lescaut. Opéra.	1 »
Héritage de ma Tante (l')	» 60	Joie de la maison (la).	1 »	Manon Lescaut. Drame.	1 »
Hernani, opéra.	1 »	Joie fait peur (la).	1 50	Manteau de Joseph (le).	» 60
Heure de quiproquo (une)	» 60	Jour de la blanchisseuse.	» 60	Marâtre (la).	1 »
Homme à la tuile (l').	» 60	Journal d'une grisette (le)	1 »	Marbrier (le).	1 »
Homme de robe (l').	» 60	Jusqu'à minuit.	» 60	Marceau.	5 »
Homme de cinquante ans (un).	1 »	Lady Tartufe.	2 »	Marchand de jouets (le).	1 »
		Lait d'ânesse (le).	2 »	Marchand de lapins (le).	» 60
Homme entre deux airs.	» 60	Lanterne magique	1 »	Maréchal Ney (le).	2 »
Homme qui a perdu son do (un).	1 »	Lampions de la veille.	1 »	Maréchaux de l'Empire (les).	1 »
		Lanciers (les).	» 60		
Homme qui a vécu (l').	1 »	Laquais d'Arthur (le).	» 60	Margot.	1 »
Homme sans ennemis (l')	» 60	Laure et Delphine.	1 »	Médecin malgré lui (le).	1 »
Honneur de la maison.	1 »	Laurence.	» 60	Mari brûlé (un).	» 60
Honneur et l'Argent (l').	2 »	Lavandières de Santarem	1 »	Mari d'occasion (un).	» 60
Horace et Caroline.	1 »	Lavater.	» 60	Mari d'une Camargo (le).	1 »
Horaces (les).	» 60	Léa.	1 »	Mari d'une jolie femme.	» 60
Hortense de Blengie.	» 60	Leçon de trompette (une)	» 60	Mari en 150 (un).	1 »
Hortense de Cerny.	1 »				

	fr.	c.		fr.	c.		fr.	c.
Mari fidèle (un).	1	»	Moissonneuse (la).	1	»	Odalisque (l').	»	60
Mari qui n'a rien à faire.	2	»	Molière enfant.	1	»	Ohé ! les p'tits Agneaux.	»	40
Mari qui prend du ventre (un).	1	»	Mon Isménie.	1	»	O le meilleur des pères !	1	»
			M'sieu Landry.	1	»	Oiseau de passage (un).	1	»
Mari qui ronfle (un).	1	»	M. et Madame Rigolo.	1	»	Oiseaux de la rue (les).	1	»
Mari qui se dérange (un)	1	»	Monsieur de la Palisse.	»	60	Oiseaux de proie (les).	1	»
Maris me font toujours rire (les).	1	»	Monsieur mon fils.	1	»	Oncle aux carottes (un).	»	60
			Monsieur qui ne veut pas s'en aller (un).	»	60	Oncle de Sicyone (l').	1	»
Mari trop aimé (un).	»	60				Oncle Tom (l').	1	»
Mariage au bâton (le).	»	60	Monsieur qui a brûlé une dame (un).	1	»	On demande des culottières.	1	»
Mariage au miroir (le).	1	»						
Mariage extravagant (le)	1	»	Monsieur qui prend la mouche (un).	1	»	On demande un gouverneur.	1	»
Mariage d'Olympe (le).	1	50						
Mariage en trois étapes.	1	»	Monsieur qui suit les femmes (un).	2	»	Opéra au camp (l').	»	60
Mariage sous la régence.	1	»				Opéra aux fenêtres (l').	»	40
Marianne.	1	»	Monsieur qu'on n'attendait pas (un).	»	60	Ordonnance du médecin.	»	60
Marie ou l'Inondation.	»	60				Orfa.	1	»
Marie Rose.	1	»	Monsieur votre fille	1	»	Orphelines de la Charité.	1	»
Marie Simon.	2	»	Monsieur va au cercle.	1	»	Orphelines de Valneige.	1	»
Mariés sans l'être.	»	60	M. de Saint-Cadenas.	1	»	Orphelins du pont Notre-Dame (les).	1	»
Marinette (la).	1	»	M. le Sac et Mme la Braise.	1	»			
Marionnettes du docteur.	1	»	Montagne et Gironde.	2	»			
Marquis de Lauzun (le).	1	»	Monténégrins (les).	1	»	Otez votre fille, s'il vous plaît.	1	»
Marquise de Tulipano.	1	»	Montre perdue.	1	»			
Marquises de la fourchette (les).	1	»	Morne au Diable (le)	1	»	Où passerai-je mes soirées ?	1	»
			Mort de Strafford (la).	1	»			
Marraines de l'an trois.	1	»	Mort du pêcheur (la).	»	60	Paix à tout prix (la).	1	»
Marrons d'Inde (les).	3	»	Mosquita la Sorcière.	1	»	Palma.	2	»
Marrons glacés (les).	1	»	Mousquetaire gris (un).	1	»	Pamphlet (le).	1	»
Martial casse-cœur.	1	»	Mousquetaires de la Reine (les).	1	»	Paniers de la comtesse.	»	60
Marthe et Marie.	1	»				Panthère de Java (une).	1	»
Martin et Bamboche.	1	»	Moutons de Panurge (les)	1	»	Pâquerette.	»	60
Masque de Poix (le).	1	»	Muet (le).	1	»	Pâques Véronnaises (les)	1	»
Massacre d'un innocent.	1	»	Muletier de Tolède (le).	1	»	Parades de nos pères.	1	»
Mathurin Régnier.	1	»	Mystère (un)	1	»	Paradis perdu (le).	»	40
Maurice	1	»	Mystères de l'été (les).	2	»	Parapluie de Damoclès	1	»
Mauvais cœur.	1	»	Mystères de Londres (les)	1	»	Parapluie d'Oscar (le).	1	»
Mauvais coucheur (un).	1	»	Mystères du carnaval (les)	»	60	Pardon de Bretagne (le).	1	«
Médecin des enfants (le)	1	»	Nabab (le).	1	»	Par droit de conquête.	1	50
Médée	1	50	Nèfles (les).	»	60	Parents de ma Femme.	1	»
Médée de Nanterre (la).	1	»	Nez d'argent (le).	»	60	Paris.	2	»
Mémoires de Grammont.	»	60	Niaise de Saint-Flour (la)	1	»	Parisiens (les).	1	»
Mémoires de Richelieu.	»	60	Niaise (la).	2	»	Par les fenêtres.	»	60
Mémoires du Gymnase.	»	60	Noces de Bouchencœur (les).	1	»	Paris crinoline.		20
Mémorial de Ste-Hélène.	1	»				Paris qui dort.	1	»
Ménage à trois (un).	1	»	Noces de Jeannette (les).	1	»	Paris qui pleure.	»	60
Mendiante (la).	1	»	Noces vénitiennes (les).	2	»	Paris qui s'éveille.	2	»
Mère et Fille.	»	60	Nœud gordien (le).	1	»	Parure de Jules Denis.	1	»
Merlan en bonne fortune.	»	60	Notables de l'endroit (les).	1	»	Parrain de Jeannette (le)	»	60
Mesd. de Montenfriche.	1	»	Notaire à marier (un).	»	60	Pas de fumée sans feu.	»	60
Métamorphoses de Jeannette (les).	»	60	Notre-Dame de Paris.	1	»	Pas jaloux.	1	»
			Notre-Dame-des-Anges.	1	»	Passé et l'Avenir (le).	»	60
Métamorphoses de l'Amour (les).	1	»	Notre fille est princesse.	1	»	Passion du Midi (une).	1	»
			Nuit orageuse (une).	»	60	Pasteur (le)	1	»
Meunier, son fils et Jeanne	1	»	Nuits blanches (les).	»	60	Pauvres d'esprit (les).	1	50
Michel Cervantes.	1	50	Nuits de la Seine (les).	1	»	Pauvres de Paris (les).	2	»
Midi à quatorze heures.	2	»	Nuits d'Espagne (les).	1	»	Pavés sur le pavé (les)	1	»
Minette.	1	»	Nysus et Euryale.	1	»	Paysan d'aujourd'hui (un)	1	»
Miss Fauvette.	1	»	Oberon.	1	»	Peau de chagrin (la).	1	»

	fr. c.		fr. c.		fr. c.
Peau de mon oncle (la).	1 »	Préparation au baccalau-		Robes blanches (les).	1 »
Péchés de jeunesse (les).	1 »	réat.	1 »	Rocher de Sysiphe (le)	» 40
Pension alimentaire (la).	1 »	Président de la basoche.	» 60	Roi boit (le).	» 40
Pendu (le).	1 »	Pressoir (le).	2 »	Roi de cœur (le).	1 »
Penicaut le Somnambule.	» 60	Prétendants (les).	» 60	Roi de la mode (le).	» 60
Pepito.	» 60	Prétendus de Gimblette.	» 60	Roi de Rome (le).	» 60
Perdrix rouge (la).	1 »	Prière des naufragés.	1 »	Roi des halles (le).	1 »
Père de ma fille (le).	1 »	Princesses de la Rampe		Roi malgré lui (un).	1 »
Père et portier.	5 »	(les).	1 »	Rome.	1 »
Père Gaillard (le).	1 »	Princesse et charbonnière.	» 60	Romeo et Marielle.	» 60
Père Jean (le).	» 60	Prise de Caprée (la)	» 60	Requelaure.	1 »
Perle de la Canebière (la).	» »	Prix d'un bouquet (le).	» 20	Rose de Bohême (la).	» 60
Péril en la demeure.	1 50	Promise (la).	1 »	Rose de Saint-Flour (la).	» 60
Perruque de mon oncle.	» 60	Prophète (le).	1 »	Rose et Marguerite.	1 »
Petit-fils (le).	1 »	Propre à rien.	1 »	Rosemonde.	1 »
Petit Pierre.	1 »	Pst! Pst!	» 60	Rosette et nœud coulant.	1 »
Petit bout d'Oreille (un)	1 »	Psyché.	1 »	Roués innocents (les).	» 60
Petite cousine (la).	1 »	Pulchrisca et Léontino.	» 60	Route de Brest (la).	1 »
Petite Fadette (la).	» 60	Puritains d'Ecosse (les).	1 »	Routiers (les).	1 »
Petits Prodiges (les).	» 60	Quand on attend sa belle.	» 60	Sabots de Marguerite (les)	1 »
Phénomène.	» 60	Quand on attend sa bour-		Sage et le Fou (le).	1 50
Phèdre.	» 60	se.	1 »	Sainte-Claire.	1 »
Philanthropie et Repen-		Quand on n'a pas le sou.	1 »	Saisons (les).	1 »
tir.	» 60	Quand on veut tuer son		Saisons vivantes (les).	1 »
Philiberte.	1 50	chien.	1 »	Salvator Rosa.	1 »
Philosophes de vingt ans.	1 »	Quatre cent mille francs		Sang mêlé (le).	1 50
Piano de Berthe (le).	1 »	pour vingt sous.	» 60	Sapho.	1 »
Piccolet.	1 »	Quatre coins (les).	» 60	Scapin.	1 »
Pied de fer.	1 »	Quatre fils Aymon (les).	» 60	Schahabaham II.	1 »
Pièges dorés (les).	1 50	Quatre parties du monde.	» 60	Schamyl.	1 »
Pierre de touche (la).	2 »	Queue du chien d'Alci-		Second mari de ma femme	1 »
Pierre Février.	» 60	biade (la).	1 »	Secret de l'oncle Vin-	
Pierrot.	» 60	Queue de la Poêle (la).	1 »	cent (le).	1 »
Pile de Volta (la).	1 »	Qui n'entend qu'une clo-		Secret des Cavaliers (le)	2 »
Piquillo Alliaga.	1 »	che…	» 60	Secrétaire de Madame (le)	1 »
Plus belle nuit de la vie.	» 60	Qui perd gagne.	1 »	Sept merveilles du monde.	3 »
Polyeucte.	» 60	Qui se dispute s'adore.	1 »	Sept péchés capitaux.	1 »
Pompée.	1 »	Rachel.	» 60	Séraphina.	» 60
Pomponnette et Pompa-		Rage d'amour.	1 »	Sergent Frédéric (le).	1 »
dour.	» 60	Rage de souvenirs (une).	» 60	Si Dieu le veut.	1 »
Popularité (la).	» 60	Raisin (la).	1 50	Si jamais je te pince!	1 »
Porcherons (les).	1 »	Raisin malade (le).	» 60	Si j'étais roi.	1 »
Portes et placards.	» 60	Raymond.	1 »	Si ma femme le savait.	1 »
Portraits (les).	» 60	Reculer pour mieux sau-		Simon le voleur.	1 »
Poudre coton (la).	1 »	ter.	» 60	Soirée périlleuse (une).	» 60
Poule (une).	» 60	Regardez, mais ne tou-		Songe d'une nuit d'été.	1 »
Poupée de Nuremberg.	1 »	chez pas.	1 »	Songe d'une nuit d'hiver.	1 »
Pour arriver.	» 60	Règne des escargots (le).	1 »	Sonnette du diable (la).	1 »
Pour (le) et le Contre.	1 »	Reine Argot (la).	» 60	Sopha (le).	1 »
Pouvoir d'une femme.	» 60	Reine Margot (la).	1 »	Soubrette de qualité (une)	1 »
Précieux (les).	1 »	Reine Topaze (la).	2 »	Soufflez-moi dans l'œil.	» 60
Précieuses ridicules (les)	» 60	Restauration des Stuarts.	1 »	Souper de la marquise.	» 60
Premier coup de canif (le).	» 60	Revanche de Lauzun (la)	1 50	Sourd (le).	1 »
Premier tableau du Pous-		Réveil du Mari (le).	1 »	Sous les pampres.	» 60
sin (le).	1 »	Réveil du lion (le).	1 »	Sous-préfet s'amuse (le).	1 »
Premiers beaux jours.	» 60	Rêve de Mathéus (le).	1 »	Sous un bec de gaz.	» 60
Premiers pas (les).	» 60	Richard III.	1 »	Souvenirs de jeunesse.	1 »
Premières armes de Bla-		Robert Bruce, opéra.	1 »	Souvenirs de voyage.	1 »
veau (les).	1 »	Robert Bruce.	1 »	Souvent femme varie.	» 60
Premières coquetteries.	1 »				

	fr. c.		fr. c.		fr. c.
Sport et turf.	2 »	33,333 fr. 33 cent. par jour.	1 »	Vestris.	» 60
Steeple-chase.	» 60			Veuve au camellia (la)	1 »
Stella.	1 »	Tribulations d'un grand homme (les).	1 »	Vicaire de Wackefield.	1 »
Struensée.	1 »			Vicomtesse Lolotte (la).	1 »
Suffrage Ier.	»	Trilogie de Pantalons.	1 »	Vie de bohème (la).	1 »
Suites d'un premier lit.	1 »	Triolet.	1 »	Vie de café (la).	1 »
Sur la terre et sur l'onde.	1 »	Trois amours de Tibulle.	1 »	Vie d'une comédienne.	1 »
Sylphe (le)	1 »	Trois Bourgeois de Compiègne.	1 »	Vieil innocent (un).	» 60
Système conjugal (un).	» 60			Vieillesse de Richelieu (la).	1 »
Talisman (un).	» 60	Trois coups de pied (les).	» 60		
Tambour battant.	1 »	Trois étages (les).	1 »	Vieille lune (une).	» 60
Tante Loriot (la).	» 60	Trois Rois, trois Dames.	» 50	Vieux caporal (le).	1 »
Tante Vertuchoux (la).	» 60	Trois Sultanes (les).	1 »	Vieux de la vieille roche.	» 60
Tasse cassée (la).	2 »	Trop beau pour rien faire	1 »		
Taverne (la).	1.50	Trottin de la modiste.	3 »	Vilain monsieur (un).	» 60
Taverne du diable (la).	1 »	Trou des lapins (le).	» 60	Village (le).	1 »
Télégraphe électrique.	1 »	Trouvère (le).	1 »	Viveurs de Paris (les).	» 40
Tempête dans un verre d'eau (une).	1 »	Trovatelles (les).	1 »	William Shakspeare.	2 »
		Tueur de Lions (le).	1 »	Vingt-quatre février (le).	» 60
Temps perdu (le).	1 50	Turlututu chapeau pointu.	» 50	24 février, drame (le).	» 60
Terre promise (la).	» 60	Trottin de la modiste.		Voile de dentelle (le).	1 »
Terrible Savoyard (le).	» 60	Tutelle en carnaval (une)	» 60	Vol à la duchesse (le).	1 »
Testament d'un garçon.	» 60	Ulysse.	2 »	Vol à la fleur d'orange.	1 »
Tête de Martin (la).	» 60	Un et un font un.	1 »	Volière (la).	1 »
Théâtre des Zouaves (le)	2 »	Ut de poitrine (un).	1 »	Vous n'auriez pas vu ma femme.	1 »
Théodore.	» 60	Vacances de Pandolphe.	2 »		
Thérèse.	» 60	Vaches landaises (les).	1 »	Voyage autour de ma femme (le).	» 60
To be or not to be.	1 »	Valentine d'Aubigny.			
Toinon la Serrurière.	1 »	Variétés de 1852 (les).	1 »	Voyage autour d'une jolie femme (le).	» 60
Toilettes tapageuses (les)	1 »	Vautrin et Frise-Poulet.	1 »	Voyage sentimental (un).	3 »
Tonelli (la).	1 »	Vengeurs (les).	1 »	Voyage du haut en bas (un)	1 »
Toquades de Borromée.	» 60	Vent du soir.	40	Vrai club des femmes.	1 »
Toréador (le).	1 »	Vente d'un riche mobilier	1 »	York.	» 60
Tout chemin mène à Rome.	» 60	Vêpres siciliennes (les).	1 »	Yvonne et Loïc.	» 60
Tout vient à point.	1 »	Verre de Champagne (un)	» 60	Zamore et Giroflée.	» 60
Traversin et couverture.	» 60	Vestale (la).	1 »	Zarine.	» 60
Trésor du pauvre (le).	» 60				

DERNIÈRES PIÈCES PARUES :

	fr. c.		fr. c.		fr. c.
A qui le Bébé ?	» 60	Les Fugitifs.	» 40	Anguille sous roche.	» 60
Le Retour du mari	2 »	Feue Brigitte.	» 60	Maurice de Saxe.	» 40
La Nouvelle Hermione.	» 60	Les deux Frontins.	1 »	Une Tempête dans une Baignoire.	» 60
Virgile marron.	» 60	L'Arioste.	1 »	Ma Nièce et mon Ours.	1 »
Je marie Victoire.	» 60	L'Ut dièze.	1 »	Les grands Vassaux.	2 «
Le Martyre du cœur.	2 »	Jean Bart.	» 40	L'Outrage.	» 50
Le Pays des amours.	» 40	M. Candaule.	1 »	La Fée Carabosse...	1 »
Chapitre de la toilette.	» 60	La Balançoire.	1 »	Rêves d'Amour.	1 50
Les Femmes terribles.	1 50	Les Crochets du Père Martin.	» 40	Herculanum	1 »
Quentin Durward.	1 »	Le Fils de la Belle au bois dormant.	1 »	Un beau Mariage.	2 »
Les Doigts de fée.	2 »	Les Bibelots du Diable.	» 40	Le Maître d'école	» 40
Le Clou aux maris.	» 40	Le Déjeuner de Fifine.	» 40	Les Ducs de Normandie	» 40
Orphelines de St-Sever.	» 40	Il faut que Jeunesse se paie.	» 40	C'est l'amour, l'amour.	» 60
Germaine.	» 40	Le Marchand malgré lui	2 »	Faust, opéra.	1 »
Les Femmes qui pleurent	1 »	Œdipe-roi.	2 »	Une Distraction.	1 »
La Nuit du 20 septembre	1 »	Faust.	» 40	Feu le capitaine Octave.	» 60
Les Noces de Figaro.	1 »	Le Punch Grassot.	1 »	Les Comédiens de salons	» 60
Preciosa.	1 »	Martha, opéra.	1 »	Le Droit Chemin.	2 »
Les Mères repenties.	2 »	Les Rôdeurs du Pont Neuf.	20	Le Pardon de Ploërmel.	1 »
Méphistophélès.	» 40	Frontin malade.	1 »	Le Capitaine Chérubin.	1 »
L'Avare en gants jaunes.	1 »	La Vénus de Milo.	1 50	Le Dada de Paimbœuf.	» 60
Les Chaises à porteurs.	1 »	Ce que Fille veut...	1 »	La Clé sous le paillasson.	» 60
Deux Merles blancs.	1 »	Fanfan la Tulipe.	» 50	Marguerite de Ste Gemme	2 »
Rose et Rosette.	» 20	Rigoletto.	1 »	L'École des Arthur.	1 »
L'École des Ménages.	1 50	Chez une petite Dame.	1 »	La Fille du Tintoret	1 »
Les Lionnes pauvres.	2 »	Le Roman d'un Jeune Homme pauvre.	2 »	Un Usurier de Village.	2 »
Pan ! pan ! c'est la fortune	60	L'Avocat du Diable.	» 60	Le Naufrage de la Pérouse	1 »
Fourberies de Marinette.	» 60	Entre hommes.	» 60	Un Souvenir de Manin.	1 »
Les Mers polaires	» 40	Cartouche.	» 40	Le Diable au Moulin.	1 »
Plus on est de fous.	» 60	Le Paletot brun.	1 »	Selma.	1 »
Une Dame pour voyager	» 60	As-tu vu la Comète, mon gas ?	» 50	Tant va l'Autruche à l'eau...	» 60
Un Dîner et des égards	» 60			La Chèvre de Ploërmel.	» 60
Drelin ! drelin !	» 60			La Fête des loups.	1 »
Madame est aux eaux.	» 60				

RÉPERTOIRE DU THÉATRE ITALIEN

TEXTE EN REGARD DE LA TRADUCTION.

Françoise de Rimini.	1 50	Octavia.	1 50	La Locandiera.	1 50
Marie Stuart.	1 50	Camma.	2 50	Saül.	1 50
Mirrha.	1 50	Les Fausses Confidences	1 50	Otello.	2 »
Oreste.	1 50	Les Jaloux heureux.	1 »	Macbeth.	1 50
Pia de Tolomei.	1 50	Zaïra.	1 50	Judith.	2 »
Rosemonde.	1 50	Jeanne d'Arc, prologue.	1 »	Poliuto.	1 50
Medea.	2 50	L'Héritage d'un premier comique.	1 »	Fedra.	1 50
Étourderie et bon cœur.	1 »			Cassandra.	1 50

TROISIÈME PARTIE
— Publications dites à 20 centimes —

MUSÉE LITTÉRAIRE
DU SIÈCLE
CHOIX DES MEILLEURS OUVRAGES DES AUTEURS MODERNES

20 CENTIMES LA LIVRAISON.

ALEXANDRE DUMAS.

		fr. c.
Les Trois Mousquetaires	1 vol.	1 50
Vingt Ans après	—	2 »
Le Vicomte de Bragelonne	—	4 50
Le Comte de Monte-Cristo	—	5 60
Le Chevalier de Maison-Rouge	—	1 10
La Reine Margot	—	1 50
Ascanio	—	1 50
La Dame de Monsoreau	—	2 20
Amaury	—	» 90
Les Frères corses	—	» 50
Les Quarante-Cinq	—	2 20
Les deux Diane	—	2 »
Le Maître d'armes	—	» 90
Le Bâtard de Mauléon	—	1 80
La Guerre des femmes	—	1 50
Les Mémoires d'un Médecin (Balsamo)	—	5 60
Georges	—	» 90
Une Fille du régent	—	1 10
Cécile	—	» 70
Impressions de voyage.		
Suisse	—	2 »
Midi de la France	—	1 10
Une Année à Florence	—	» 90
Le Corricolo	—	1 50
La Villa Palmieri	—	» 90
Le Spéronare	—	1 50
Le Capitaine Aréna	—	» 90
Les Bords du Rhin	—	1 10
Quinze Jours au Sinaï	—	» 90
De Paris à Cadix	—	1 50
Le Véloce	—	1 50
Fernande	1 vol.	» 90
Sylvandire	—	» 90
Le Chevalier d'Harmental	—	1 50
Isabel de Bavière	—	1 10
Acté	—	» 70
Gaule et France	—	» 70

ALEXANDRE DUMAS.

		fr. c.
Le Collier de la reine	—	2 20
La Tulipe noire	—	» 70
La Colombe. — Murat	—	» 50
Ange Pitou	—	1 80
Pascal Bruno	—	» 50
Othon l'archer	—	» 50
Pauline	—	» 50
Souvenirs d'Antony	—	» 70
Nouvelles	—	» 50
Le Capitaine Paul	—	» 50
Gabriel Lambert	—	» 70
Olympe de Clèves	—	2 60
Les Mille et un fantômes	—	» 70
Les Mariages du père Olifus	—	» 70
Jeanne la Pucelle	—	» 90
Conscience	—	1 50
Le Pasteur d'Ashbourn	—	2 20
La Femme au collier de velours	—	» 70
Le Testament de M. Chauvelin	—	» 70
La comtesse de Salisbury	—	1 50
Catherine Blum	—	» 70

FRÉDÉRIC SOULIÉ.

		fr. c.
Le Lion amoureux	—	» 50
Le Veau d'or	—	2 40

EUGÈNE SUE.

		fr. c.
Les Sept Péchés capitaux	—	5 »
L'Orgueil	—	1 50
L'Envie	—	» 90
La Colère	—	» 70
La Luxure	—	» 70
La Paresse	—	» 50
L'Avarice	—	» 50
La Gourmandise	—	» 50
Les Enfants de l'amour	—	» 90
La Bonne Aventure	—	1 50

LÉON GOZLAN.	fr. c.	PAUL FÉVAL.	fr. c.
Les Nuits du père Lachaise. . 1 vol.	1 40	Les Mystères de Londres. . . —	3 »
Le Médecin du Pecq. . . . . —	1 30	**MÉRY.**	
CHARLES DE BERNARD.		Héva. . . . . —	» 50
La Femme de 40 ans. . . . —	» 30	La Floride. . . . . —	» 70
Un Acte de vertu et la Peine du		**EUGÈNE SCRIBE.**	
Talion. . . . . —	» 30	Carlo Broschi. . . . . . . —	» 50
L'Anneau d'argent. . . . . —	» 30	La Maîtresse anonyme. . . . . —	» 30
ALPHONSE KARR.		Judith, ou la Loge d'Opéra . . —	» 30
Sous les tilleuls. . . . . . —	» 90	Proverbes. . . . . —	» 70
Fort en thème. . . . . . . —	» 70	**ALBÉRIC SECOND.**	
		La Jeunesse dorée. . . . . —	» 50

MUSÉE CONTEMPORAIN

20 centimes la Livraison

A. DE LAMARTINE.	fr. c.	EUGÈNE SUE.	fr. c.
GRAZIELLA.	» 60	GILBERT ET GILBERTE.	3 »
L'ENFANCE.	» 50	LE DIABLE MÉDECIN.	2 70
LA JEUNESSE.	» 60	LA FEMME SÉPARÉE DE CORPS ET DE BIENS.	» 90
GENEVIÈVE, histoire d'une Servante.	» 70	LA GRANDE DAME.	» 50
LA VIE DE FAMILLE.	» 50	LA LORETTE.	» 30
RÉGINA.	» 50	LA FEMME DE LETTRES. . . .	» 90
HISTOIRE ET POÉSIE.	» 50	LA BELLE FILLE.	» 50
ALEX. DUMAS FILS.		LES MÉMOIRES D'UN MARI. . . .	1 80
LA DAME AUX CAMELLIAS. . . .	1 30	**CHAMPFLEURY.**	
LE PRIX DE PIGEONS.	» 50	LES GRANDS HOMMES DU RUISSEAU.	» 60
CÉSARINE.	» 50	**JULES SANDEAU.**	
UN PAQUET DE LETTRES. . . .	» 50	SACS ET PARCHEMINS.	» 90
CHARLES DE BERNARD.		**HENRY MURGER.**	
LE GENDRE.	» 50	SCÈNES DE LA VIE DE BOHÊME. . .	1 50
LA CINQUANTAINE.	» 50	MADAME OLYMPE.	» 50
UNE AVENTURE DE MAGISTRAT. . .	» 30	LE SOUPER DES FUNÉRAILLES. .	» 50
L'INNOCENCE D'UN FORÇAT. . . .	» 30	LES AMOURS D'OLIVIER. . . .	» 30
Mme ÉMILE DE GIRARDIN.		LE BONHOMME JADIS.	» 30
MARGUERITE OU DEUX AMOURS. . .	» 90	LE MANCHON DE FRANCINE. . .	» 50
THÉOPHILE GAUTIER.		LA MAITRESSE AUX MAINS ROUGES.	» 50
CONSTANTINOPLE.	1 30	**MÉRY.**	
FRÉDÉRIC SOULIÉ.		LE BONHEUR D'UN MILLIONNAIRE.	» 50
LES MÉMOIRES DU DIABLE. . . .	2 »	UN ACTE DE DÉSESPOIR. . . .	» 50
CONFESSION GÉNÉRALE.	1 80	LE CHATEAU D'UDOLPHE. . . .	» 50
LES QUATRE SŒURS.	» 50	SIMPLE HISTOIRE.	» 70
LES DEUX CADAVRES.	» 70	LES NUITS SINISTRES.	» 50
EULALIE PONTOIS.	» 30	LES NUITS ANGLAISES.	» 90
MARGUERITE.	» 50	LES NUITS ITALIENNES.	» 90
LE MAITRE D'ÉCOLE.	» 30		
LE BANANIER.	» 50		

THÉATRE CONTEMPORAIN ILLUSTRÉ

CHOIX DE PIÈCES

Jouées sur tous les Théâtres de Paris.

UNE LIVRAISON CONTIENT UNE PIÈCE | UNE SÉRIE CONTIENT CINQ PIÈCES
Prix : 20 cent. | Prix : 1 franc

Chaque Pièce est publiée avec un dessin représentant une des principales scènes de l'ouvrage.

1re SÉRIE. — PRIX : 1 FR.

Le Chiffonnier de Paris. 20
La Closerie des Genêts. . . . . } 40
Une Tempête dans un verre d'eau . }
Le Morne au Diable. . . . . } 40
Pas de fumée sans feu . . . . }

2e SÉRIE. — PRIX : 1 FR.

Trois Rois, trois Dames. 20
La Marâtre. . . . . } 40
La Ferme de Primerose. . . . . . .
Le Chevalier de Maison-Rouge. . . } 40
L'Habit vert. . . . . }

3e SÉRIE. — PRIX : 1 FR.

Benvenuto Cellini. . . . . } 40
Frisette. . . . . }
Clarisse Harlowe. 20
La Reine Margot. . . . . } 40
Jean le Postillon. . . . . }

4e SÉRIE. — PRIX : 1 FR.

La Foi, l'Espérance et la Charité. . } 40
Le Bal du Prisonnier. . . . . }
Hamlet. . . . . } 40
Le Lait d'ânesse. . . . . }
Hortense de Blengie. 20

5e SÉRIE. — PRIX : 1 FR.

Le Fils du diable. . . . . } 40
Une Dent sous Louis XV. . . . . . }
Le Livre noir. . . . . } 40
Midi à quatorze heures. . . . . . . }
La petite Fadette. 20

6e SÉRIE. — PRIX : 1 FR.

La Vie de bohème. . . . . } 40
Graziella. . . . . }
La Chambre rouge. . . . . } 40
Un jeune Homme pressé. . . . . . }
Le Docteur noir. 20

7e SÉRIE. — PRIX : 1 FR.

Martin et Bamboche. . . . . } 40
Les deux Sans-culottes. . . . . . . }
Les Mystères du Carnaval. . . . . } 40
Croque-Poule. . . . . }
Une Fièvre brûlante. 20

8e SÉRIE. — PRIX : 1 FR.

Bataille de Dames. 20
Le Pardon de Bretagne. . . . . . . } 40
La Pariure de Jules Denis. . . . . }
Paris qui dort. . . . . } 40
Paris qui s'éveille. . . . . }

9e SÉRIE. — PRIX : 1 FR.

Intrigue et Amour. . . . . } 40
Le Marchand de Jouets d'Enfants. }
Gentil Bernard. . . . . } 40
Jobin et Nanette. . . . . }
Le Collier de Perles. 20

10e SÉRIE. — PRIX : 1 FR.

Le Bourgeois de Paris. 20
Les Contes de la Reine de Navarre. } 40
Qui se dispute s'adore. . . . . . . }
Marie Simon. . . . . } 40
La Famille Poisson. . . . . }

11e SÉRIE. — PRIX : 1 FR.

Les Nuits de la Seine. . . . . } 40
Un Garçon de chez Véry. . . . . . }
Un Chapeau de paille d'Italie . . . 20
L'Oncle Tom. . . . . } 40
Chasse au Lion. . . . . }

12e SÉRIE. — PRIX : 1 FR.

Berthe la Flamande. . . . . } 40
Un Mari qui n'a rien à faire. . . . }
Le Testament d'un garçon. 20
La Chatte Blanche. . . . . } 40
L'Amour pris aux cheveux. . . . . }

13e SÉRIE. — PRIX : 1 FR.

Le Courrier de Lyon. . . . . } 40
Par les Fenêtres. . . . . }
Le Roi de Rome. 20
Un Monsieur qui suit les Femmes. } 40
La Terre promise. . . . . }

14e SÉRIE. — PRIX : 1 FR.

Les Sept Péchés capitaux. . . . . } 40
La Tête de Martin. . . . . }
Le Sage et le Fou. 20
Le Muet. . . . . } 40
Un Merlan en bonne fortune. . . . }

15ᵉ SÉRIE. — PRIX : 1 FR.

Les quatre fils Aymon.......... } 40
Scapin............
Un premier coup de canif..... 20
Roquelaure............. } 40
Une Nuit orageuse..........

16ᵉ SÉRIE. — PRIX : 1 FR.

La Mendiante............. } 40
La Tonelli..............
Les Avocats............. 20
Marianne.............. } 40
Une Charge de cavalerie.......

17ᵉ SÉRIE. — PRIX : 1 FR.

Les Coulisses de la vie........ } 40
Un Ami acharné...........
La Bergère des Alpes......... } 40
Les Paniers de la Comtesse......
Marie, ou l'Inondation........ 20

18ᵉ SÉRIE. — PRIX : 1 FR.

Les sept Merveilles du Monde..... } 40
Un Coup de vent...........
Notre Dame de Paris......... } 40
Les Lundis de Madame........
Le Château des Sept-Tours..... 20

19ᵉ SÉRIE. — PRIX : 1 FR.

Les Mystères de l'Eté......... } 40
Voyage autour d'une jolie Femme...
Le Cœur et la Dot.......... } 40
Un Ut de Poitrine..........
Léonard le perruquier........ 20

20ᵉ SÉRIE. — PRIX : 1 FR.

Les Sept Merveilles du nº 7..... } 40
L'ami François............
Les Enfers de Paris.......... } 40
Atala................
La Nuit du vendredi saint...... 20

21ᵉ SÉRIE. — PRIX : 1 FR.

Les Cosaques............. } 40
Un Monsieur qu'on n'attendait pas...
Bertram le Matelot.......... } 40
L'Amour au daguerréotype......
Irène, ou le Magnétisme....... 20

22ᵉ SÉRIE. — PRIX : 1 FR.

Les Mystères de Londres....... } 40
Un Vilain Monsieur.........
Le Lys dans la Vallée........ } 40
Un Homme entre deux Airs......
La Forêt de Sénart.......... 20

23ᵉ SÉRIE. — PRIX : 1 FR.

Catilina.............. } 40
Théodore..............
Le Voile de Dentelle......... } 40
Les Fureurs de l'Amour........
Les Folies dramatiques........ 20

24ᵉ SÉRIE. — PRIX : 1 FR.

La Comtesse de Sennecey....... } 40
Edgard et sa Bonne.........
Manon Lescaut............ } 40
Les Mémoires de Richelieu......
L'Ane mort............. 20

25ᵉ SÉRIE. — PRIX : 1 FR.

Le Vieux Caporal........... } 40
Diane de Lys et de Camellias.....
Grandeur et Décadence de Prudhomme. } 40
Le Roman d'une heure........
Thérèse, ou Ange et Diable 20

26ᵉ SÉRIE. — PRIX : 1 FR.

Paris qui pleure et Paris qui rit.... } 40
Le Chêne et le Roseau........
Les Orphelines de Valneige...... 20
Marie-Rose............. } 40
L'Ambigu en habits neufs.......

27ᵉ SÉRIE. — PRIX : 1 FR.

Un Notaire à marier......... } 40
Les Rendez-vous bourgeois......
L'Honneur de la maison....... } 40
Le Laquais d'Arthur.........
L'Argent du Diable......... 20

28ᵉ SÉRIE. — PRIX : 1 FR.

La Boisière............. } 40
Quand on attend sa bourse......
Le Ciel et l'Enfer.......... } 40
Souvent Femme varie.........
Gastibelza.............. 20

29ᵉ SÉRIE. — PRIX : 1 FR.

Schamyl.............. } 40
Deux Femmes en gage........
L'Armée d'Orient.......... } 40
Où passerai-je mes soirées ?.....
Les Gaietés champêtres....... 20

30ᵉ SÉRIE. — PRIX : 1 FR.

La bonne Aventure.......... } 40
En bonne Fortune..........
Gusman le Brave.......... } 40
Ce que vivent les Roses.......
Les Oiseaux de la Rue........ 20

31ᵉ SÉRIE. — PRIX : 1 FR.

Le Prophète............. } 40
Un Vieux de la Vieille Roche....
Échec et Mat............ } 40
Mam'zelle Rose...........
Louise de Nanteuil.......... 20

32ᵉ SÉRIE. — PRIX : 1 FR.

La Prière des Naufragés....... } 40
Un Mari en 150...........
Les cinq cents Diables........ } 40
A Clichy..............
Harry le Diable........... 20

33ᵉ SÉRIE. — PRIX : 1 FR.

Boccace	} 40
Cerisette en prison	
La Vie d'une Comédienne	} 40
Le Manteau de Joseph	
Le Chevalier d'Essonne	20

34ᵉ SÉRIE. — PRIX : 1 FR.

Souvenirs de jeunesse	} 40
York	
Georges et Marie	} 40
Sous un bec de gaz	
Lully	20

35ᵉ SÉRIE. — PRIX : 1 FR.

Marthe et Marie	} 40
Une Femme qui se grise	
L'Enfant de l'amour	} 40
Le Sourd	
Le Marbrier	20

36ᵉ SÉRIE. — PRIX : 1 FR.

Les Oiseaux de proie	} 40
Un Feu de Cheminée	
La Croix de Marie	} 40
Le Chevalier Coquet	
Hortense de Cerny	20

37ᵉ SÉRIE. — PRIX : 1 FR.

Paris	} 40
La mort du Pêcheur	
Un mauvais Riche	} 40
Dans les vignes	
Le Gant et l'Eventail	20

38ᵉ SÉRIE. — PRIX : 1 FR.

L'Histoire de Paris	} 40
Pygmalion	
Salvator Rosa	} 40
Un Cœur qui parle	
Le Vicaire de Wakefield	20

39ᵉ SÉRIE. — PRIX : 1 FR.

Les grands Siècles	} 40
Le Devin du Village	
Le Donjon de Vincennes	} 40
Les jolis Chasseurs	
Le Théâtre des Zouaves	20

40ᵉ SÉRIE. — PRIX : 1 FR.

Le Moulin de l'Ermitage	} 40
Les derniers Adieux	
Le Gateau des Reines	} 40
Une pleine eau	
Aimer et Mourir	20

41ᵉ SÉRIE. — PRIX : 1 FR.

Le Sergent Frédéric	} 40
Le Duel de mon Oncle	
La Florentine	} 40
Jeanne Mathieu	
Le Songe d'une Nuit d'hiver	20

42ᵉ SÉRIE. — PRIX : 1 FR.

Les Noces vénitiennes	} 40
L'Héritage de ma Tante	
Le Sire de Framboisy	} 40
L'Homme sans Ennemis	
La Chasse au Roman	20

43ᵉ SÉRIE. — PRIX : 1 FR.

Le Paradis perdu	} 40
En manches de chemise	
Les Maréchaux de l'Empire	} 40
Elodie	
Lucie Didier	20

44ᵉ SÉRIE. — PRIX : 1 FR.

Le Masque de poix	} 40
L'Amour et son train	
Jocelyn le garde-côte	} 40
Le Bal d'Auvergnats	
Le Démon du Foyer	20

45ᵉ SÉRIE. — PRIX : 1 FR.

Aventures de Mandrin	} 40
Dieu merci, le couvert est mis	
L'oiseau de Paradis	} 40
Si j'étais riche	
Donnez aux pauvres	20

46ᵉ SÉRIE. — PRIX : 1 FR.

Le Médecin des enfants	} 40
Médée	
Le Pendu	} 40
Mon Isménie	
Les Fanfarons de vice	20

47ᵉ SÉRIE. — PRIX : 1 FR.

Marie Stuart en Écosse	} 40
Les Bâtons dans les roues	
Le Fils de la Nuit	} 40
Les 7 femmes de Barbe-bleue	
Un Roi malgré lui	20

48ᵉ SÉRIE. — PRIX : 1 FR.

Les Zouaves	} 40
Le Jour du Frotteur	
Le Marin de la garde	} 40
Sous les Pampres	
Un Voyage sentimental	20

49ᵉ SÉRIE. — PRIX : 1 FR.

Les Pauvres de Paris	} 40
As-tu tué le mandarin	
Les Parisiens	} 40
Schahabahum II	
Les Pièges dorés	20

50ᵉ SÉRIE. — PRIX : 1 FR.

Jane Grey	} 40
La Bonne d'enfant	
L'Avocat des Pauvres	} 40
Les Suites d'un premier lit	
Les Toilettes tapageuses	20

51ᵉ SÉRIE. — PRIX : 1 FR.

Fualdès. .... } 40
Grassot embêté par Ravel. ......
Cléopâtre. .... } 40
Les Toquades de Borromée. ....
Rose et Marguerite. 20

52ᵉ SÉRIE. — PRIX : 1 FR.

Jérusalem. .... } 40
Les Cheveux de ma femme. .....
Le Secret des Cavaliers. .... } 40
Six Demoiselles à marier. ......
Le Docteur Chiendent. 20

53ᵉ SÉRIE. — PRIX : 1 FR.

La Reine Topaze. .... } 40
Le 66. ....
Le Château des Ambrières. ..... } 40
Roméo et Marielle. ....
L'Échelle de Femmes. 20

54ᵉ SÉRIE. — PRIX : 1 FR.

La Fausse Adultère. .... } 40
Madame est de retour. ....
La route de Brest. .... } 40
Le Secret de l'oncle Vincent. ...
Croquefer. 20

55ᵉ SÉRIE. — PRIX : 1 FR.

Les Gens de théâtre. .... } 40
Une Panthère de Java. ....
Les Orphelins du pont Notre-Dame. } 40
Le Jour de la blanchisseuse. ...
Le Fils de l'Aveugle. 20

56ᵉ SÉRIE. — PRIX : 1 FR.

Les Orphelines de la Charité. .. } 40
La Rose de Saint-Flour. ....
Le Pressoir. .... } 40
Fais la cour à ma femme. ......
Les Lanciers. 20

57ᵉ SÉRIE. — PRIX : 1 FR.

Jean de Paris. .... } 40
Un Chapeau qui s'envole. ....
La Belle Gabrielle. .... } 40
Zerbine. ....
Les Princesses de la rampe. 20

58ᵉ SÉRIE. — PRIX : 1 FR.

L'Aveugle. .... } 40
Un fameux Numéro. ....
Les Deux Faubouriens. .... } 40
Polkcta et Bamboche. ....
Dalila et Samson. 20

59ᵉ SÉRIE. — PRIX : 1 FR.

Michel Cervantes. .... } 40
L'Opéra aux fenêtres. ....
André Gérard. .... } 40
Une Soubrette de qualité. ......
Le Prix d'un bouquet. 20

60ᵉ SÉRIE. — PRIX : 1 FR.

Les Chevaliers du brouillard. .. } 40
Le Roi boit. ....
L'Amiral de l'escadre bleue. .... } 40
Vent du soir. ....
Roméo et Juliette. 20

61ᵉ SÉRIE. — PRIX : 1 FR.

Si j'étais roi. .... } 40
La Dame aux jambes d'azur. ...
Les Viveurs de Paris. .... } 40
La Médée de Nanterre. ....
On demande un youverneur. ... 20

62ᵉ SÉRIE. — PRIX : 1 FR.

La Bête du bon Dieu. .... } 40
Le Mobilier de Bamboche. .....
William Shakspeare. .... } 40
Une Minute trop tard. ....
Le Télégraphe électrique. 20

63ᵉ SÉRIE. — PRIX : 1 FR.

La Filleule du Chansonnier. .... } 40
Penicault le Somnambule. ......
La Comtesse de Novailles. ..... } 40
Avez-vous besoin d'argent. ....
Un Enfant du siècle. 20

64ᵉ SÉRIE. — PRIX : 1 FR.

Les Filles de marbre. .... } 40
Le Cousin du roi. ....
Les Noces de Bouchencœur. ... } 40
Les Jeux innocents. ....
L'Anneau de fer. 20

65ᵉ SÉRIE. — PRIX : 1 FR.

L'Étoile du Nord. .... } 40
Brin d'Amour. ....
Le Fou par amour. .... } 40
L'Amour mouillé. ....
La Comète de Charles-Quint. .. 20

66ᵉ SÉRIE. — PRIX : 1 FR.

Le Carnaval de Venise. .... } 40
Le Compagnon de voyage. .....
Le Fléau des Mers. .... } 40
Un Gendre en surveillance. ....
Le Fils de la Folle. 20

67ᵉ SÉRIE. — PRIX : 1 FR.

Ohé! les P'tits Agneaux ! .... } 40
Un Oncle aux Carottes. ....
Le Rocher de Sysiphe. .... } 40
Les Gardes du roi de Siam. ....
Paris Crinoline. 20

68ᵉ SÉRIE. — PRIX : 1 FR.

Les Vaches landaises. .... } 40
Une Mèche éventée. ....
Les Fiancés d'Albano. .... } 40
Le Parapluie d'Oscar. ....
Diane de Chivry. 20

69ᵉ SÉRIE — PRIX : 1 FR.

Le Bonhomme Lundi........ } 40
L'Éducation d'un serin......
Le Pays des Amours......... } 40
La Gammina..............
Le Dessous des Cartes...... 20

70ᵉ SÉRIE — PRIX : 1 FR.

Les Orphelines de Saint-Sever... } 40
Monsieur et Madame Rigolo.....
Les Talismans............ } 40
Les Désespérés...........
Les Étudiants............ 20

71ᵉ SÉRIE — PRIX : 1 FR.

La Perle du Brésil......... } 40
La Raisin...............
Le Martyre du Cœur........ } 40
Méphistophélès...........
Thérèse, l'orpheline de Genève... 20

72ᵉ SÉRIE — PRIX : 1 FR.

Germaine............... } 40
La Botte secrète..........
Margot................ } 40
Maître bâton.............
Eulalie Pontois........... 20

73ᵉ SÉRIE — PRIX : 1 FR.

Les Mers polaires.......... } 40
Mam'zelle Jeanne..........
Les Fugitifs............. } 40
Le Feu à une vieille maison....
Il y a seize ans........... 20

74ᵉ SÉRIE — PRIX : 1 FR.

La Nuit du 20 Septembre...... } 40
Les Petits prodiges.........
Les Crochets du Père Martin.... } 40
Une Croix à la cheminée......
La Bataille de Toulouse....... 20

75ᵉ SÉRIE — PRIX : 1 FR.

Jaguarita............... } 40
Le Déjeuner de Fifine........
Jean Bart............... } 40
Un Banquier comme il y en a peu..
La Famille Lambert......... 20

76ᵉ SÉRIE — PRIX : 1 FR.

Les Mousquetaires de la Reine... } 40
Les Précieux.............
Il faut que Jeunesse se paye.... } 40
J'ai mangé mon Ami.........
Rose et Rosette........... 20

77ᵉ SÉRIE — PRIX : 1 FR.

Les Bibelots du Diable........ } 40
Les deux Pêcheurs..........
Les Mères repenties......... } 40
Vente d'un riche Mobilier......
Les Amants de Murcie........ 20

78ᵉ SÉRIE — PRIX : 1 FR.

Les Pantins de Violette....... } 40
Eva...................
Turlututu............... } 40
Je croque ma Tante.........
Calas.................. 20

79ᵉ SÉRIE — PRIX : 1 FR.

Tromb-al-Cazar........... } 40
Si ma Femme le savait.......
Le Château de Grantier....... } 40
Preciosa................
Les Rôdeurs du Pont-Neuf..... 20

80ᵉ SÉRIE — PRIX : 1 FR.

Les Enfants terribles........ } 40
Une Maîtresse bien agréable....
La Case de l'Oncle Tom....... } 40
Les cinq Sens............
Lisbeth la fille du Laboureur.... 20

81ᵉ SÉRIE — PRIX : 1 FR.

Le Punch Grassot.......... } 40
Monsieur mon Fils..........
Frère et Sœur............ } 40
Drelin! drelin!............
L'Ouvrier............... 20

82ᵉ SÉRIE — PRIX : 1 FR.

Le Clou aux Maris.......... } 40
La Marquise de Tulipano......
Les Dragons de Villars....... } 40
Une Crise de Ménage........
Le Testament de la pauvre Femme.. 20

83ᵉ SÉRIE — PRIX : 1 FR.

Le Comte de Lavernie........ } 40
Cinq Gaillards............
Martha................. } 40
Plus on est de Fous.........
Le Père de famille.......... 20

84 SÉRIE — PRIX : 1 FR.

Faust.................. } 40
La Perdrix rouge...........
Maurice de Saxe........... } 40
Anguille sous roche.........
La Vendetta, drame......... 20

85ᵉ SÉRIE — PRIX : 1 FR.

Les Ducs de Normandie....... } 40
Une Tempête dans une baignoire...
Cartouche............... } 40
Un Mari d'occasion..........
La Fiancée de Lamermoor...... 20

86ᵉ SÉRIE — PRIX : 1 FR.

La Demoiselle d'honneur...... } 40
Entre hommes............
L'École des ménages......... } 40
Le Tueur de lions..........
Othello................ 20

QUATRIÈME PARTIE

UN FRANC LE VOLUME DE 350 A 400 PAGES

COLLECTION MICHEL LEVY

CHOIX DES MEILLEURS OUVRAGES CONTEMPORAINS

FORMAT GRAND IN-18, IMPRIMÉ SUR BEAU PAPIER SATINÉ

Contenant la matière de 2 ou 3 volumes in-octavo

IL PARAÎT UN OU DEUX VOLUMES TOUS LES HUIT JOURS

OUVRAGES PARUS ET A PARAITRE

A. DE LAMARTINE.

	vol.
Les Confidences.	1
Nouvelles Confidences.	1
Toussaint Louverture.	1

GEORGE SAND.

	vol.
Histoire de ma Vie	10
Mauprat.	1
Valentine.	1
Indiana.	1
Jeanne.	1
La Mare au Diable.	1
La Petite Fadette.	1
François le Champi.	1
Teverino. — Léone Léoni.	1
Consuelo.	3
La Comtesse de Rudolstadt.	2
André.	1
Horace.	1
Jacques.	1
Lettres d'un voyageur.	1
Lelia.— Metella.— Melchior.— Cora.	2
Lucrezia Floriani. — Lavinia.	1
Le Péché de M. Antoine.	2
Le Piccinino.	2
Le Meunier d'Angibault.	1
Simon.	1
La Dernière Aldini.	1
Le Secrétaire intime.	1

GÉRARD DE NERVAL.

La Bohême galante.	1
Le Marquis de Fayolle.	1
Les Filles du Feu.	1
Souvenirs d'Allemagne.	1

JULES JANIN.

Le Chemin de Traverse.	1
Contes littéraires.	1
Contes fantastiques.	1
L'Ane mort.	1
La Confession.	1
Un Cœur pour deux Amours.	1

***

Madame la duchesse d'Orléans. Hélène de Mecklembourg-Schwerin, (Nouvelle édition).	1

THÉOPHILE GAUTIER.

	vol.
Les Beaux-Arts en Europe.	2
Constantinople.	1
L'Art moderne.	1
Les Grotesques.	1

Mme ÉMILE DE GIRARDIN.

Le Vicomte de Launay (Seule édition complète.)	4
Marguerite.	1
Nouvelles.	1
M. le Marquis de Pontanges.	1
Poésies complètes.	1
Contes d'une vieille fille a ses neveux	1

EUGENE SCRIBE.

Théâtre (Ouvrage complet).	20
Comédies.	3 vol.
Opéras.	2
Opéras-Comiques.	5
Comédies-Vaudevilles.	10
Nouvelles.	1
Historiettes et Proverbes.	1
Piquillo Alliaga.	3

HENRY MURGER.

Le Dernier Rendez-vous.	1
Le Pays Latin.	1
Scènes de Campagne.	1
Les Buveurs d'eau.	1
Les Vacances de Camille.	1
Le Roman de toutes les Femmes.	1
Propos de ville et Propos de théâtre	1
Scènes de la vie de jeunesse.	1
Scènes de la Vie de Bohême.	1
Le Sabot Rouge.	1

EUGÈNE SUE.

Les Sept Péchés capitaux.	6
L'Orgueil.	2
L'Envie.	1
La Colère.	1
La Luxure — La Paresse.	1
L'Avarice. — La Gourmandise.	1

Mme BEECHER STOWE.

Traduction E. Forcade.

Souvenirs heureux.	3

ALPHONSE KARR.

	vol.
Les Femmes.	1
Encore les Femmes.	1
Agathe et Cécile.	1
Promenades hors de mon jardin.	1
Sous les Tilleuls.	1
Les Fleurs	1
Sous les Orangers.	1
Voyage autour de mon jardin.	1
Une Poignée de vérités	1
La Pénélope normande.	1
Menus Propos.	1
Les Soirées de Sainte-Adresse.	1
Trois cents Pages.	1
Les Guêpes.	6
Raoul.	1
Roses noires et roses bleues.	1

LOUIS REYBAUD.

Le Dernier des commis voyageurs.	1
Le Coq du clocher.	1
L'Industrie en Europe.	1
Jérôme Paturot. — Position sociale.	1
Jérôme Paturot. — République.	1
Ce qu'on peut voir dans une rue.	1
La Comtesse de Mauléon.	1
La Vie a rebours.	1

PAUL MEURICE.

Scènes du Foyer (la Famille Aubry).	1
Les Tyrans de village.	1

J. AUTRAN.

Millianah (épisode des guerres d'Afrique)	1

CHARLES DE BERNARD.

Le Nœud gordien.	1
Un Homme sérieux.	1
Gerfaut.	1
Les ailes d'Icare.	1
Le Gentilhomme campagnard.	2
Un Beau-Père.	2
Le Paravent.	1
La Peau du Lion et la Chasse aux amants.	1
L'Écueil.	1

ALEX. DUMAS FILS.

Aventures de quatre femmes.	1
La Vie a vingt ans.	1
Antonine.	1
La Dame aux Camellias.	1
La Boîte d'Argent.	1

ÉMILE AUGIER.

Poésies complètes.	1

OCTAVE FLAUBERT.

Madame Bovary	2

F. PONSARD.

Études antiques	1

JULES LECOMTE.

Le Poignard de Cristal.	1

X. MARMIER.

Au bord de la Néva.	1
Les Drames intimes.	1
Une grande dame russe.	1

PAUL DE MUSSET.

La Ravolette.	1
Puylaurens.	1

FRANCIS WEY.

Les Anglais chez eux.	1
Londres il y a cent ans.	1

E. TEXIER.

Amour et Finance.	1

PAUL FÉVAL.

Le Tueur de tigres.	1
Les Dernières Fées.	1

ACHIM D'ARNIM.
Traduction Th. Gautier fils.

Contes bizarres	1

LE GÉNÉRAL DAUMAS.

Le Grand Désert.	1
Les Chevaux du Sahara.	1

H. BLAZE DE BURY.

Musiciens contemporains	1

LÉON GOZLAN.

Les Chateaux de France.	2
Le Notaire de Chantilly.	1
Les Emotions de Polydore Marasquin.	1
Le Dragon rouge.	1
Le Médecin du Pecq.	1
Histoire de 130 femmes.	1
Les Nuits du Père-Lachaise.	1
La Famille Lambert	1
La Dernière Sœur grise.	1
La Comédie et les Comédiens.	1

HOFFMANN.
Traduction Champfleury.

Contes posthumes.	1

ARSÈNE HOUSSAYE.

Les Femmes comme elles sont.	1
L'Amour comme il est	1
Une Pécheresse.	1

MARIE SOUVESTRE.

Paul Ferroll, traduit de l'anglais.	1

F. HUGONNET.

Souvenirs d'un chef de bureau arabe.	1

CHARLES DICKENS.
Traduction Amédée Pichot.

Le Neveu de ma tante.	2
Contes de Noël	1

ÉMILE CARREY.

L'Amazone. — 8 Jours sous l'Équateur.	1
— Les Métis de la savane.	1
— Les Révoltés du Para.	1
Récits de la Kabylie.	1
Scènes de la vie en Algérie.	1
Histoires et Mœurs kabyles.	1

XAVIER AUBRYET.

La Femme de 20 Ans	1

FÉLIX MORNAND.

La Vie arabe.	1
Bernerette.	1

FRANÇOIS VICTOR HUGO,
Traducteur.

Sonnets de Shakespeare.	1
Le Faust anglais de Marlowe.	1

CHARLES NODIER,
Traducteur.

Le Vicaire de Wakefield	1

MAX RADIGUET.

Souvenirs de l'Amérique espagnole.	1

ÉMILE SOUVESTRE.

	vol.
Un Philosophe sous les toits	1
Confessions d'un ouvrier	1
Au coin du feu	1
Scènes de la vie intime	1
Chroniques de la mer	1
Les Clairières	1
Scènes de la Chouannerie	1
Dans la Prairie	1
Les derniers Paysans	1
En Quarantaine	1
Sur la Pelouse	1
Les Soirées de Meudon	1
Souvenirs d'un Vieillard, la dern. étape	1
Scènes et Récits des Alpes	1
Les Anges du Foyer	1
L'Echelle de femmes	1
La Goutte d'Eau	1
Sous les Filets	1
Le Foyer breton	2
Contes et Nouvelles	1
Les derniers Bretons	2
Les Réprouvés et les Élus	2
Les Péchés de Jeunesse	1
Riche et Pauvre	1
En Famille	1
Pierre et Jean	1
Deux Misères	1
Les Drames parisiens	1
Au bord du Lac	1
Pendant la Moisson	1
Sous les Ombrages	1
Le Mât de Cocagne	1
Le Mémorial de famille	1
Souvenirs d'un bas-breton	1
L'Homme et l'Argent	1
Le Monde tel qu'il sera	1
Histoires d'autrefois	1
Sous la tonnelle	1

JULES DE LA MADELÈNE.

Les Ames en peine	1

B. H. RÉVOIL, Traducteur.

Les Harems du nouveau monde	1

EDGAR POE. Traduction Charles Baudelaire.

Histoires extraordinaires	1
Nouvelles Histoires extraordinaires	1
Aventures d'Arthur Gordon Pym	1

AUGUSTE VACQUERIE.

Profils et Grimaces	1

CHARLES DE LA ROUNAT.

La Comédie de l'Amour	1

A. DE PONTMARTIN.

Contes et Nouvelles	1
Mémoires d'un Notaire	1
La Fin du Procès	1
Contes d'un Planteur de choux	1
Pourquoi je reste à la campagne	1
Or et Clinquant	1

LE DOCTEUR FÉLIX MAYNARD.

Journal d'une dame anglaise. — De Delhi à Cawnpore. — Pages de l'insurrection hindoue	1
Un Drame dans les mers boréales	1

GUSTAVE D'ALAUX.

L'Empereur Soulouque et son Empire	1

THÉOPHILE LAVALLÉE.

	vol.
Histoire de Paris	2

ADOLPHE ADAM.

Souvenirs d'un Musicien	1
Derniers Souvenirs d'un Musicien	1

HENRI CONSCIENCE. Trad. Léon Wocquier.

Scènes de la vie flamande	2
Le Fléau du Village	1
Le Démon de l'argent	1
La Mère Job	1
Heures du Soir	1
Veillées flamandes	1
L'Orpheline	1
La Guerre des Paysans	1
Batavia	1
Souvenirs de Jeunesse	1
Aurélien	2

DANIEL STAUBEN.

Scènes de la vie juive en Alsace	1

CUVILLIER-FLEURY.

Voyages et Voyageurs	1

XAVIER EYMA.

Les Peaux-Noires	1
Les Femmes du Nouveau-Monde	1

GABRIEL DANTRAGUES

Histoires d'amour et d'argent	1

OCTAVE DIDIER.

Madame Georges	1
Une Fille de roi	1

HILDEBRAND. Traduction Léon Wocquier.

Scènes de la vie hollandaise	1
La Chambre obscure	1

CHAMPFLEURY.

Les Premiers beaux jours	1
Aventures de mademoiselle Mariette	1
Le Réalisme	1
Les Excentriques	1
Les Souffrances du Professeur Delteil	1
Les Bourgeois de Molinchart	1
Chien-Caillou	1
L'Usurier Blaizot	1
Souvenirs des Funambules	1
Les Sensations de Josquin	1

PAUL DELTUF

Aventures parisiennes	1

ALF. DE MUSSET, DE BALZAC, G. SAND.

Le Tiroir du Diable	1
Paris et les Parisiens	1
Les Parisiennes à Paris	1

OSCAR DE VALLÉE.

Les Manieurs d'argent	1

DE STENDHAL (H. BEYLE).

De l'Amour	1
Le Rouge et le Noir	1
La Chartreuse de Parme	1
Promenades dans Rome	1

ÉMILIE CARLEN. Traduction Marie Souvestre.

Deux Jeunes Femmes	1

CHARLES HUGO.

La Chaise de paille	1
Le Cochon de saint Antoine	1
La Bohême dorée	2

LOUIS DE CARNÉ.

Un drame sous la Terreur	1

FRÉDÉRIC SOULIÉ.

	vol.
Les Mémoires du Diable	2
Confession générale	2
Les deux Cadavres	1
Les quatre Sœurs	1
Au Jour le Jour	1
Marguerite — Le Maitre d'école	1
Le Bananier. — Eulalie Pontois	1
Huit Jours au Chateau	1
Si Jeunesse savait, si Vieillesse pouvait	2
Le Port de Creteil	1
Le Conseiller d'état	1
Un Malheur complet	1
Le Magnétiseur	1
La Lionne	1
La comtesse de Monrion	1
Les Drames inconnus	4
La Maison n°3 de la rue de Provence	
Aventures d'un cadet de famille	
Les Amours de Victor Bonsenne	
Olivier Duhamel	
Les Forgerons	1
Un Été a Meudon	1
Le Chateau des Pyrénées	2
Un Rêve d'amour. — La Chambrière	1
Les Prétendus	1
Diane et Louise	1
Contes pour les enfants	1
Les quatre époques	1
Sathaniel	1
Le Comte de Toulouse	1
Le Vicomte de Béziers	1

FÉLICIEN MALLEFILLE

Le Capitaine La Rose	1
Marcel	1
Mémoires de Don Juan	2
Monsieur Corbeau	1

PAUL DE MOLÈNES.

Mémoires d'un Gentilhomme du siècle dernier	1
Caractères et Récits du temps	1
Chroniques contemporaines	1
Histoires intimes	1

A. DE BERNARD.

Le Portrait de la Marquise	1

ALBÉRIC SECOND.

A quoi tient l'amour	1

ROGER DE BEAUVOIR.

Le Chevalier de Saint-Georges	1
Aventurières et Courtisanes	1
Histoires cavalières	1
Mademoiselle de Choisy	1
Le Chevalier de Charny	1

ALFRED ASSOLANT.

Histoire fantastique de Pierrot	1

AMÉDÉE PICHOT.

Les Poètes amoureux	1

MAX VALREY.

Marthe de Monbrun	1
Les Filles sans Dot	1

JULES DE SAINT-FÉLIX.

Scènes de la vie de gentilhomme	1

Mme CAROLINE BERTON, NÉE SAMSON.

Le Bonheur impossible	1
Rosette	1

VALOIS DE FORVILLE.

	vol.
Le Marquis de Pazaval	1

***

Souvenirs d'un Officier du 2e de zouaves	1

MAX BUCHON.

En Province	1

LOUIS ULBACH

Les Secrets du Diable	1

VICTOR DE LAPRADE.

Psyché	1

LA COMTESSE D'ASH.

Les Bals masqués	1
Le Jeu de la reine	1
La Chaîne d'or	1
Le Fruit défendu	1
Les Chateaux en Afrique	1
La Poudre et la Neige	1
La Marquise de Parabere	1

PAUL PERRET.

Les Bourgeois de campagne	1

AMÉDÉE ACHARD.

Parisiennes et Provinciales	1
Brunes et Blondes	1
Les Dernières Marquises	1
Les Femmes honnêtes	1

LÉOPOLD KOMPERT.
Traduction Daniel Stauben.

Scènes du Ghetto	1
Les Juifs de la Bohême	1

RAOUL BRAVARD.

Une petite Ville	1
L'Honneur des Femmes	2

THÉODORE DE BANVILLE.

Odes funambulesques	1

A. DE BRÉHAT.

Scènes de la vie contemporaine	1
Bras d'acier	1

NADAR.

Quand j'étais étudiant	1
Le Miroir aux Alouettes	1

JULES SANDEAU.

Sacs et Parchemins	1
Nouvelles	1
Catherine	1

MÉRY.

Les Nuits anglaises	1
Une Histoire de famille	1
Salons et Souterrains de Paris	1
André Chénier	1
Les Nuits italiennes	1
Un Amour dans le Crime	1
Les Nuits espagnoles	1
Les Nuits d'Orient	1
Le Chateau vert	1

CÉLESTE DE CHABRILLAN.

Les Voleurs d'or	1
La Sapho	1

MARC FOURNIER.

Le Monde et la Comédie	1

ÉDOUARD PLOUVIER.

Les Dernières Amours	1

CHARLES BARBARA.

Histoires émouvantes	1

LOUIS BOUILHET

Mélénis, conte romain	1

L'UNIVERS ILLUSTRÉ

RECUEIL HEBDOMADAIRE PARAISSANT TOUS LES SAMEDIS

Chaque Numéro contient huit pages format in-folio
(QUATRE DE TEXTE ET QUATRE DE GRAVURES)

PRIX : 15 centimes le Numéro — 20 centimes par la poste

ABONNEMENTS : UN AN, 10 FRANCS. — SIX MOIS, 6 FRANCS

— Pour plus de détails, faire demander le prospectus. —

LE
MAGASIN D'ILLUSTRATIONS

RECUEIL HEBDOMADAIRE PARAISSANT TOUS LES JEUDIS

CHAQUE NUMÉRO CONTIENT HUIT PAGES FORMAT IN-4°
(Quatre de texte et quatre de gravures)

Prix : 10 centimes le numéro. — 15 centimes par la poste. —
Abonnement : 6 fr. par an.

LES NOUVELLES GUÊPES

REVUE PHILOSOPHIQUE ET LITTÉRAIRE DES ÉVÉNEMENTS CONTEMPORAINS

Il paraît chaque semaine un numéro de 32 pages. — Chaque numéro, 1 franc.

TRENTE-SIX NUMÉROS SONT EN VENTE

PRIX DE L'ABONNEMENT. Trois mois, 8 fr. — Six mois, 15 fr. — Un an, 25 fr.

DICTIONNAIRE FRANÇAIS

ILLUSTRÉ

ET ENCYCLOPÉDIE UNIVERSELLE

Ouvrage qui peut tenir lieu de tous les vocabulaires et de toutes les encyclopédies

ENRICHI DE 20,000 FIGURES

GRAVÉES SUR CUIVRE PAR LES MEILLEURS ARTISTES

DIRIGÉ PAR B. DUPINEY DE VOREPIERRE

Et rédigé par une société de Savants et de Gens de lettres

140 LIVRAISONS A 50 CENTIMES

TROIS LIVRAISONS PAR MOIS

Chaque livraison est composée de deux feuilles de texte, et contient la matière d'un volume in-8 ordinaire

L'ouvrage, composé en caractères entièrement neufs et imprimé sur papier de luxe, formera 2 magnifiques vol. in-4.

Chaque volume aura au moins 1,000 pages.

Toute livraison dépassant le nombre de 140, fixé pour l'ouvrage complet, sera délivrée GRATIS aux souscripteurs.

PARIS. — IMP. SIMON RAÇON ET COMP., RUE D'ERFURTH, 1.

ARSÈNE HOUSSAYE

LE ROI VOLTAIRE

SA JEUNESSE — SES FEMMES — SES MINISTRES — SA COUR — SON ROYAUME
SON PEUPLE — SON DIEU — SA DYNASTIE

Troisième édition. Un beau volume in-8°, 6 fr.

LA GALERIE DU DIX-HUITIÈME SIÈCLE

Sixième édition. Cinq volumes, 5 fr.

HISTOIRE DU 41ᵐᵉ FAUTEUIL

DE L'ACADÉMIE FRANÇAISE

Quatrième édition. Un volume, 3 fr. 50 c.

VOYAGES HUMORISTIQUES

Nouvelle édition. Un volume, 3 fr. 50 c.

LES ŒUVRES POÉTIQUES

Nouvelle édition. Un vol., 3 fr. 50 c.

PHILOSOPHES ET COMÉDIENNES

Quatrième édition. Un vol., 3 fr. 50 c.

LE VIOLON DE FRANJOLÉ

Sixième édition. Un vol., 3 fr. 50 c.

LES FEMMES COMME ELLES SONT

Troisième édition. Un vol., 1 fr.

L'AMOUR COMME IL EST

Nouvelle édition. Un vol., 1 fr.

ROMANS PARISIENS

LA VERTU DE ROSINE — LE REPENTIR DE MARION
MADEMOISELLE DE BEAUPRÉAU — LE VALET DE CŒUR ET LA DAME DE CARREAU

Nouvelle édition. Un vol., 3 fr. 50 c.

PARIS. — IMP. SIMON RAÇON ET COMP., RUE D'ERFURTH, 1.

www.ingramcontent.com/pod-product-compliance
Lightning Source LLC
Chambersburg PA
CBHW071603170426
43196CB00033B/1689